W0171340

BÄRBEL WICHMANN (HG.)

LECKERES
BRANDENBURG

Der kulinarische Ausflugsführer

Die besten Empfehlungen von **BRANDENBURG** AKTUELL

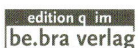

edition q im
be.bra verlag

 Mehr Informationen im Internet

Stand der Informationen: Dezember 2013

Bibliografische Information der Deutschen Nationalbibliothek
Die Deutsche Nationalbibliothek verzeichnet diese Publikation in der Deutschen
Nationalbibliografie; detaillierte bibliografische Daten sind im Internet über
http://dnb.d-nb.de abrufbar.

Alle Rechte vorbehalten.
Dieses Werk, einschließlich aller seiner Teile, ist urheberrechtlich geschützt.
Jede Verwertung außerhalb der engen Grenzen des Urheberrechtsgesetzes ist
ohne Zustimmung des Verlages unzulässig und strafbar. Das gilt insbesondere
für Vervielfältigungen, Übersetzungen, Mikroverfilmungen, Verfilmungen und
die Einspeicherung und Verarbeitung auf DVDs, CD-ROMs, CDs, Videos, in weiteren elektronischen Systemen sowie für Internet-Plattformen.

© edition q im be.bra verlag GmbH
Berlin-Brandenburg, 2014
KulturBrauerei Haus 2
Schönhauser Allee 37, 10435 Berlin
post@bebraverlag.de
Textredaktion: Marijke Topp, Robert Zagolla, Matthias Zimmermann, Berlin
Lektorat: Marijke Topp, Berlin
Umschlaggestaltung: hawemannundmosch, Berlin, unter Verwendung eines Fotos
des Bio-Gasthofes Kolonieschänke, Anja Simmank, Burg (Spreewald)
Innengestaltung: Friedrich, Berlin
Schrift: Minion Pro 9/11pt
Druck und Bindung: Stürtz, Würzburg
ISBN 978-3-86124-681-7

www.bebraverlag.de

Inhalt

Leckeres Brandenburg

Brandenburg ist ein Eldorado für Feinschmecker. Jeden Freitag beweisen wir das im rbb Fernsehen in unserem regionalen Nachrichtenmagazin **BRANDENBURG** AKTUELL. Wer in Brandenburg gut Essen will, auf der Suche nach dem Besonderen ist und Regionalität ganz groß schreibt, findet zwischen Elbe und Oder unzählige verlockende Angebote. Und dabei muss es nicht immer das teure Gourmetrestaurant sein, auch in vielen Landgasthöfen kommt Leckeres auf den Teller. Kulinarische Köstlichkeiten finden sich ebenso in Hofgeschäften, ja sogar am Imbissstand oder in den Kesseln der Gulaschkanonen am Straßenrand. Brandenburgische Gaststätten sind einen Besuch wert. Als wir 1992 mit dem regionalen Fernsehnachrichtenmagazin **BRANDENBURG** AKTUELL starteten, stellten wir schon die eine oder andere gastliche Stätte vor. Auf die Teller kam das Übliche mit Sättigungsbeilage. Zu den kulinarischen Höhepunkten zählten damals solch trickreiche Erfindungen wie Kartoffelpuffer mit Gulasch oder das Schnitzel mit Spargel und Sauce hollandaise statt der in Butter gebratenen Semmelbrösel oder die damalige Variante vom Omelette surprise (Eierkuchen mit Pfirsich und eventuell Eis). Hier und dort fanden sich schon immer einige Geschmackspioniere wie in der Alten Klosterschänke in Chorin oder im Café Dorsch in Bad Saarow. Doch es brauchte schon 20 Jahre Feinschmeckerentwicklung, bis wir heute vom leckeren Brandenburg sprechen können.

So vielfältig die Angebote, so unterschiedlich die Köchinnen und Köche. Aber eins haben sie alle gemeinsam: Sie lieben regionale, frische Erzeugnisse als Grundlage für ihre fantasievollen, den Gaumen schmeichelnden Kreationen. Und die Geschmacksjäger werden überall in Brandenburg fündig. So kommen die ungewöhnlichsten Kombinationen zustande, wie Honig und Wild, der Treber im Brot, die Roten Beete im Kartoffelbrei oder die Blutwurst in einem Sellerieschaumsüppchen mit Süßkartoffelchip, karamellisierter Ziegenkäse, Topinamburrisotto, uckermärkischer Whisky im Bärlauchpesto, schwarze Nüsse oder Unkraut, das als Wildkräuter die edelsten Rinderfilets verfeinert. Diese kulinarische Vielfalt hätten selbst wir in der Redaktion von **BRANDENBURG** AKTUELL nicht erwartet, als wir 2012 mit unserer wöchentlichen Serie begannen. Als tägliches Nachrichtenmagazin für Brandenburg kamen wir in den Jahren zuvor zwar nicht darum herum, immer wieder besondere Restaurants vorzustellen. Spätestens, wenn die Tester von Michelin oder Gault Millau ihr jährliches Urteil gesprochen hatten und der eine oder andere Stern ins Land kam, stellten wir die gastronomischen Entdeckungen vor und machten die Geheimtipps bekannt. Spannend sind immer wieder die Geschichten, warum sich ein weitgereister Spitzenkoch an einem märkischen See niederlässt, warum kreative Jungköche trotz verlockender Angebote nicht in europäische Metropolen gehen, sondern in ihrem heimatlichen Ackerbürgerstädtchen bleiben und Traditionelles mit Neuem kombinieren, um auch den Stammgästen ungeahnte Ge-

schmackshorizonte zu eröffnen. Mittlerweile hat es sich herumgesprochen, dass Brandenburg Leckeres zu bieten hat. Das Geheimnis des Wohlgeschmacks liegt dabei nicht nur in der Meisterschaft der Köchinnen und Köche, sondern vor allem in der Frische und Qualität der verwendeten Produkte. Als wir uns dazu entschlossen, immer freitags ein Stück leckeres Brandenburg vorzustellen, war von Anfang an klar, dass das nur in der Kombination Restaurant, Erzeuger, Landschaft geht. Diese regionalen wirtschaftlichen Kreisläufe sind wichtig für die Orte, sie schaffen Arbeit, Lebensqualität und Anerkennung, das wollen wir zeigen. Aus alten Bahnhöfen und Schulhäusern wurden Landgasthöfe, heruntergekommene Schnitzelschwemmen tragen heute Sterne der berühmten Restaurantführer, alte Schulungsheime sind jetzt schmucke Wellnessoasen und so mancher Neubau wurde in den märkischen Sand gesetzt. Die Dörfer und Städte sind eindeutig die Gewinner dieser gastronomischen Entwicklung. Wir treffen Spitzenköche, Quereinsteiger, gelernte und ungelernte Gastronomen, Zugezogene und Einheimische. Die meisten wollen das Besondere in der Küche und dazu brauchen sie die besonderen Zutaten. Da traf und trifft es sich gut, dass sich auch Menschen finden, die Wasserbüffel auf die feuchten Wiesen stellen, Galloway- und Charolais-Rinder auf die Weiden bringen, das märkische Sattelschwein zurückzüchten oder Straußenvögel in Brandenburg ansiedeln. Alte Haustierrassen, Schafe, Ziegen, Kaninchen und Tauben werden wieder küchenfähig. Andere beschäftigen sich mit fast vergessenen Obst-, Getreide- und Gemüsesorten, durchstreifen die Wiesen nach essbaren Kräutern, stellen Senf und Öl her, bauen Wein an oder backen köstliches Brot. Auch im Fischereiwesen passiert

viel, die Aale und Forellen werden schon lange nicht mehr in den Westen exportiert, die Flüsse und Seen erholen sich von Industriebelastung und schlechten Klärwerken. In Havel, Spree und Oder gibt es gute Fänge. Verdrängte Fischarten erobern sich ihre Gewässer zurück, sogar Krebs und Stör sind wieder da. In Wäldern und Fluren ist der Wildbestand beträchtlich und bietet den Jägern reiche Beute und dem Feinschmecker viele leckere Gerichte.

Von all dem berichtet **BRANDENBURG** AKTUELL immer freitags. In den über 100 Filmen geht es zu allererst ums Essen und seine Macher, aber auch um die Geschichte der Häuser und Hausherren, des Ortes, um Landschaft und Natur, manchmal auch um Architektur und Landwirtschaftskunde. Wir haben in diesem Band 70 unserer Entdeckungsreisen im leckeren Brandenburg zusammengetragen und die Gaststätten, Köche und regionalen Produzenten vorgestellt. Blättern Sie sich durch die Regionen, Geschichten und Speisekarten, holen Sie sich Appetit aufs leckere Brandenburg und besuchen Sie die Restaurants, Gaststätten und Landgasthöfe, um Brandenburg mit allen Sinnen zu genießen.

Bärbel Wichmann
Potsdam, im Januar 2014

Brandenburg an der Havel
Am Humboldthain

Das Restaurant Am Humboldthain in Brandenburg an der Havel hat einen exzellenten Ruf. Grund dafür ist ein junger Koch, der den Gästen nichts aufdrängt, sondern sie an das heranführt, was sie mögen: Frische Zutaten aus der Region. Wir besuchen das Gasthaus im März, in Sachen Frische eigentlich eine magere Zeit. Aber das, was aufgetischt wird, sieht ganz und gar nicht mager aus. Chefkoch Jasper Krombholz serviert gern mit frischen Kräutern und zur jeweiligen Jahreszeit passendes Gemüse: »Ich erkundige mich bei den Bauern, was sie haben, und dann überlege ich mir mit diesen Produkten neue Gerichte. Lieber weniger, aber dafür sehr lecker.«

In den Familienbetrieb lässt Sohn Jasper einfließen, was er in einem Salzburger Sternerestaurant gelernt hat. Wohl wissend, dass der Brandenburger gern Traditionelles isst: »Ich möchte den Brandenburgern das Essen anbieten, das sie mögen, aber schicker. Nicht ganz klassisch, anders angerichtet, sodass es besser aussieht und hoffentlich auch besser schmeckt.«

Das gefällt Uwe Marschke vom Wolkensteiner Hof. Eigentlich sollten bereits die Steckzwiebeln, Radieschen und Möhren aus der Erde schauen, aber der lange Winter macht ihm einen Strich durch die Rechnung. Noch immer sind seine Felder schneebedeckt – jede Saison hat nun einmal ihr Gemüse. Wie wäre es also mit Braunkohl? »Der Braunkohl hat schon Seitentriebe gebildet, die Sprossen, die kann man so essen. Die sind für die Restaurants eine Delikatesse, weil es sehr junges Gemüse ist, das erste wahrscheinlich in diesem Jahr«, erklärt Marschke, für den der Gemüse- und Kräuteranbau eigentlich nur ein Hobby ist. Ein Hobby,

für das das Restaurant Am Humboldthain sehr dankbar ist. Dort werden die Stiegen mit Braunkohl, Kresse und Radieschensprossen schon erwartet.

Seit 2006 ist die einstige Ruine in Brandenburg an der Havel ein wiederbelebtes Restaurant, nachdem es jahrzehntelang ganz unterschiedlich genutzt wurde, unter anderem als Kindergarten. Nur ein Restaurant war nicht dabei, obwohl das Gebäude eigentlich eine lange gastronomische Tradition hat. Die Architektin und heutige Restaurantchefin Martina Marx war von dem Haus angetan und sanierte es. Weil sie keinen Pächter fand, übernahm sie das Restaurant selbst: »Geschichtlich ist es so, dass hier schon im Mittelalter die erste Adresse in Brandenburg war. Es gab hier schon immer eine Gastwirtschaft. Und als wir begonnen haben, das Gebäude und das Anwesen zu sanieren, war für uns eigentlich klar: Hier muss es wieder ein Restaurant geben.« Und wenn man in die Gesichter der Gäste schaut, ist klar, dass Martina Marx die richtige Entscheidung getroffen hat.

Restaurant am Humboldthain
Plauer Straße 1
14770 Brandenburg an der Havel
03381-334 767, 0176-621 58 647
restaurant@am-humboldthain.de
www.am-humboldthain.de
Öffnungszeiten: Mi–Sa 15–1 Uhr, So 12–1 Uhr

Das Rad der Wassermühle dreht sich schon seit mehr als hundert Jahren nicht mehr, Ruhe ist in Kleinmachnow dennoch nicht eingekehrt. Längst ist die im 17. Jahrhundert erbaute Bäkemühle eine gute gastronomische Adresse, wenn es ums Essen und Genießen geht – und das nicht nur in dem stilvollen Restaurant. Eine Etage höher wartet ein festlicher Saal mit Showküche auf kochfreudige Gäste. Wer hier einkehrt, kann sein Menü unter Anleitung selbst kochen und lernt dabei so manchen Trick von Profiköchen wie Thomas Pötsch, z. B. wie man mit einer Kelle Granatapfelkerne aus ihrem Gehäuse befreit.

Fruchtig und frisch wird es in der Küche von Thomas Pötsch nicht nur im Sommer. Auch im Winter achtet er darauf, Leichtes auf den Tisch zu zaubern – natürlich mit regionalen und damit saisonalen Produkten. Wir besuchen die Bäkemühle im Januar und ganz besonders frisch in dieser Jahreszeit ist der einheimische Chicorée, den Pötsch gerne auch mal warm zubereitet.

In den dunklen Treibhallen des Landgutes Pretschen wächst der brandenburgische Bio-Chicorée, je blasser er ist, umso besser. Nur in völliger Dunkelheit behalten die Triebe ihre zarte Farbe und bilden kaum Bitterstoffe aus. In gerade einmal drei Wochen wächst der Chicorée aus den Wurzeln der Zichorie, bekannt als Kaffeeersatzpflanze. Ganz zufällig wurde das Wintergemüse bei der Einlagerung der Zichorienwurzel in sogenannte Mieten einst entdeckt. Sascha Philipp vom Landgut Pretschen erklärt: »In diesen Mieten ist es warm und daher treibt der Chicorée auch wieder aus. Die Blätter, die dort austrieben,

hat man dann probiert und für essbar empfunden. Damit war der Chicorée geboren.«

Chicorée bringt es auf nur 16 Kalorien pro 100 Gramm. Er ist reich an Vitaminen und wertvollen Mineralstoffen, ein echtes Fitnessgemüse also. Deshalb, findet Thomas Pötsch, sind auch süße Begleiter für den leicht herben Chicorée erlaubt. In geschmolzenem Zucker werden die Chicoréeviertel karamellisiert. Dazu wird pochierter Lachs gereicht. So wird das Essen lecker und bleibt trotzdem leicht.

Der Lachs wird mit Pfeffer, Chiliöl und frischem Orangensaft gewürzt, bevor er im Ofen bei 90 Grad gar zieht. Das Granatapfeldressing wird mit Orangenschale, Vanillesalz, Balsamicoessig und Chiliöl gewürzt und sorgt für eine fruchtig-pikante Note. Wer mittlerweile hungrig geworden ist, sollte sich nun auf den Weg nach Kleinmachnow machen – zum Essen oder Selberkochen, das bleibt jedem selbst überlassen.

Bäkemühle
Zehlendorfer Damm 217
14532 Kleinmachnow
033203-780 08, 0177-698 86 01
baekemuehle@mays-gaumenfreuden.de
www.die-baekemuehle.de
Öffnungszeiten: Di–Fr 12–14 Uhr u. 16–21 Uhr,
Sa 12–21 Uhr, So 11–21 Uhr

Landgut Pretschen
Am Landgut 2
15913 Märkische Heide
035476-175 16
info@landgut-pretschen.de
www.landgut-pretschen.de
Öffnungszeiten: Di 14–18 Uhr, Fr 10–12 Uhr
u. 14–18 Uhr u. Sa 9–12 Uhr

Wir begeben uns auf die Spuren des Alten Fritz, der viel Kulinarisches einge-
führt hat, was sich auch heute noch auf Speisekarten findet. Im Park Sanssouci
ließ Friedrich der Große ein Drachenhaus im chinesischen Stil erbauen, das
heute als Restaurant Gästen aus aller Welt seine Pforten öffnet. Zum historischen Ambiente des kleinen, märchenhaft wirkenden Gebäudes gehört auch
ein Weinkeller, in dem viele Sorten lagern, darunter sogar heimische Tropfen.

Nicht weit entfernt vom Drachenhaus fließt zwar nicht der Rhein, aber
die Havel, und am Werderaner Wachtelberg wächst wirklich Wein: Der Mül-
ler-Thurgau räkelt sich hier in der Sonne. Vor einigen Jahren hat die Familie
von Katharina Lindicke den alten Weinberg in ihrer Heimat wiederbelebt. Die
Winzerin erzählt: »Hier in Werder haben wir gute Bedingungen. Wir haben
wunderschönen Sonnenschein und ringsrum Wasser. Die Havel fließt direkt
vor unseren Füßen. Und wir haben reinen Sandboden, der die Wärme gleich
wieder an die Pflanze abgibt und sie schön von unten wärmt.«

Ein bisschen Ehrgeiz gehört schon dazu, der Mark Wein abzutrotzen. In
Restaurants rund um Werder kann man ihn kosten, aber hier ins Potsdamer
Drachenhaus passt er besonders gut, denn Friedrich der Große ließ es einst
als Wohnung für den Winzer von Sanssouci errichten.

Gastwirt Alexander Hortig schwärmt: »Das ist ein sehr leichter Wein, dadurch auch ein sehr guter Speisenbegleiter, den man auch mal zwischendurch
trinken kann. Und wenn man als Besucher in Potsdam ist, kann man mal
sehen, was hier in der Nähe angebaut wird.«

Am Herd des Drachenhauses steht
Mirco von Prondzynski. Er interpretiert am liebsten märkische Klassiker: »Ich mache Spargel mit einer
Poularde dazu. Poularde ist nicht zu
kräftig, hat aber einen schönen Ei-
gengeschmack.« Außerdem kommen
Drillinge auf den Teller. Junge Kartoffeln, die ihre Schale zum Diner behalten dürfen. Im Vergleich zu Poularde
und Spargel sind sie vielleicht nicht
ganz so schick, aber immerhin, findet der Koch, sind Kartoffeln echte
Märker und Friedrich der Große ist
auch als preußischer Kartoffelkönig
bekannt geworden.«

Kartoffeln stehen im Drachenhaus in unterschiedlichsten Variationen auf der Speisekarte: als Kartoffelsuppe, Kartoffelmuffins oder Kartoffel-Dinkel-Kuchen.

Der Spargel bekommt einen Schluck Werderaner Wachtelberg und auch die Kartoffeln haben sich unterdessen fein gemacht für die Poularde. Am liebsten verwendet Mirco von Prondzynski Zutaten aus der Gegend. Das muss aber nicht sein, wenn sich woanders etwas Außergewöhnliches finden lässt. Eine gute Poularde zum Beelitzer Spargel fand sich zum Beispiel in Paderborn.

Auch der Digestif nach dem Mittagessen braucht sich hinter der Exotik des Drachenhauses nicht zu verstecken: Es gibt Essig. Das erklärt uns Geschäftsführer Alexander Hortig: »Das ist ein Trinkessig aus der Pfalz. Nennt sich Hochzeitsbalsam. Da ist ein bisschen Honig mit drinne. Und gerade als Digestif, wenn man keinen Kaffee oder keinen Alkohol möchte, ist das eine sehr schöne Alternative, um den Magen aufzuräumen. Genießen Sie es!«

Drachenhaus
Maulbeerallee 4
14469 Potsdam
0331-505 38 08
info@drachenhaus.de
www.drachenhaus.de
Öffnungszeiten: April–Okt. täglich ab 11 Uhr, Nov.–März Di–So 11–18 Uhr

Ein typisches Forsthaus, mitten in Bayern. Könnte man glauben. Immerhin gibt's auch auf der Speisekarte die Brotzeit oder die Haxe mit Braunbiersemmelknödeln. Aber nix da – das Forsthaus Templin steht auf märkischem Sand, zwischen Potsdam und Caputh. Direkt am Templiner See. Und auch drinnen erwartet den Besucher mehr, als er von draußen ahnen kann: Mitten in der Gaststätte steht nämlich die eigene Brauerei, genauer gesagt: die Braumanufaktur. Hier gibt es, der Name sagt es schon, Bier von – liebender – Hand gebraut.

Während morgens in der Küche der Braumanufaktur noch Ruhe herrscht, ist das Bierbrauen schon in vollem Gange. Einen ganzen Tag dauert es, bis das Gerstenmalz geschrotet, die Maische angesetzt und geläutert ist und das Bier schließlich zum Reifen in den Keller geht. Brauen nach alter Tradition – das ist das Rezept der Bierbrauer im Forsthaus Templin.

Und weil das Bier nicht nur zum, sondern auch im Essen gut schmeckt, wird auch damit gekocht. Stefan Richter, der Forsthauskoch, macht Braunbiersemmelknödel zur bayrischen Schweinshaxe und auch ans Sauerkraut kommt ein Schuss Bier aus dem eigenen Hause. »Das Reizvolle daran ist vielleicht, dass man mit Bier experimentieren kann, ohne das Essen gleich zu verderben«, findet Stefan Richter. »Denn es ist eigentlich ein sehr guter Geschmacksträger.«

Und wem das noch nicht genug ist, der kann eine weitere Spezialität des Hauses probieren: Treberbrot. »Das Treberbrot ist eigentlich aus der Brauerei –

quasi der Abfall von dem Malz«, erklärt der Koch des Hauses. »Wir haben einen Bäcker, der das für uns nach einem Geheimrezept bäckt.«

In der Braumanufaktur sind echte Bierliebhaber zu Hause. In den Wintermonaten in uriger Gemütlichkeit, im Sommer sitzen bis zu 200 Leute draußen im Biergarten: Radler, Wanderer und Dampfertouristen, denn das Forsthaus hat eine eigene Anlegestelle. Das war schon vor 180 Jahren so, denn so lange gibt es das Forsthaus Templin bereits. Die heutigen Betreiber kauften es 2002 und bauten ihre eigene Brauerei in den Gastraum hinein. Bio-Bier entsteht hier – ungefiltert und mit gesunder Resthefe drin. Damit ist die Braumanufaktur ständig am Expandieren, beliefert Bio-Supermärkte in der ganzen Region und darüber hinaus.

Inzwischen ist die Würze – also das Urbier – fertig geläutert und kann vom Braumeister Jörg Kirchhoff verkostet werden. Nun kommt Hopfen dazu, später noch Hefe und in vier bis fünf Wochen ist die Brühe dann ein fertiges Bier.

Forsthaus Templin
Templiner Straße 102
14473 Potsdam
033209-217 979
thomas@braumanufaktur.de, joerg@braumanufaktur.de
www.braumanufaktur.de
Öffnungszeiten: April–Mitte Okt., Dez. täglich 11–23 Uhr,
Mitte Okt., Nov., Jan.–März Mo u. Di 11–16 Uhr, Mi–So 11–22 Uhr

Friedrich Wilhelm im Hotel Bayrisches Haus

Auf halbem Weg zwischen Potsdam und Geltow, mitten im Wald, findet man einen Stern. Den des Restaurants Friedrich Wilhelm. In der Küche steht Sternekoch Alexander Dressel. Das Essen wird dort schon mal mit einer Pinzette auf dem Teller angerichtet. Ganz akkurat. So ist das in der Spitzenliga der Köche.

Das Restaurant gehört zum Hotel Bayrisches Haus, das seinem Namen alle Ehre macht: ein bayrisches Holzhaus, umgeben von märkischem Wald, einst als Refugium für eine heimwehkranke Königin erbaut. Elisabeth Ludovika von Bayern war die Tochter des ersten bayrischen Königs Maximilian I. Die Liebe zum preußischen Kronprinzen Friedrich Wilhelm führte sie 1823 in die Schlösser der preußischen Königsfamilie in Berlin und Potsdam. Um die Sehnsucht nach ihrer Heimat zu stillen, unternahm sie viele Ausflüge in den nahen Wildpark. 1847 ließ ihr Gemahl, der inzwischen als Friedrich Wilhelm IV. den Thron bestiegen hatte, dort ein Haus im bayrischen Blockhausstil errichten. Auf einer Anhöhe stehend, bot es einen Blick über den Wildpark bis nach Potsdam – und der Königin ein Stück Bayern in Preußen.

In der Küche des Friedrich Wilhelm brummt es schon lange bevor die Gourmets aus ganz Deutschland zum Essen kommen. Schon früh beginnen die Vorbereitungen für die Menüs des Tages. Denn abends will er wieder verteidigt werden, der Stern, den das Restaurant Friedrich Wilhelm seit neun Jahren fast durchgängig hat. Alles wird hier selbst gemacht, die Fonds, das Brot, die Pasta. Fleisch haben sie für den Abend schon pariert, Fisch filetiert und eingeschweißt.

Und vieles kommt auch – beinahe – direkt von hier. Sternekoch Alexander Dressel ist stets auf der Suche nach regionalen Zulieferern für gute Zutaten, Gemüse und vergessene Kräuter: Kleine Zutaten sind wichtig für Dressel, denn für das Gourmetrestaurant Friedrich Wilhelm kocht er mit seiner Mannschaft Miniaturgerichte mit Maximalaufwand. Immer wieder macht er seltene, vergessene Spezialitäten ausfindig: Magentamelde, Stielmus, Ackersenf zum Beispiel, oder die Eiszapfen – eine kleine Rettichart. Braunkohlspitzen und Taubnesselblüten werden zur essbaren Dekoration. Und mit den oft als Unkraut verschmähten Kräutern aus Brandenburg werden exotische Zutaten wie Königskrabbenfleisch aus Alaska und Kaviar kombiniert.

Die Gäste des Gourmetrestaurants wissen die Kunst des Sternekochs stets zu schätzen: »Köstlich, himmlisch, ein Gedicht, wie immer, so ausgeglichen, perfekt, so harmonisch, vergleichbar mit einem Konzert.«

Friedrich Wilhelm im Hotel Bayrisches Haus
Elisenweg 2
14471 Potsdam
0331-550 50
info@bayrisches-haus.de
www.bayrisches-haus.de/gastronomie
Öffnungszeiten: Di–Sa 18–22 Uhr

Im Teltower Stadtteil Ruhlsdorf – idyllisch gelegen zwischen Potsdam und dem Südwesten Berlins – finden wir ein Restaurant, das es bis in den »Slow-Food-Genussführer Deutschland 2014« geschafft hat. Die Geschichte des Landhotels reicht bis ins frühe 19. Jahrhundert zurück, als der Urgroßvater von Marion Korn, der heutigen Inhaberin, die Grundlagen für den Hotel- und Gaststättenbetrieb legte. Die folgenden Generationen machten das Haus zum kulturellen Mittelpunkt des Ortes, in der DDR-Zeit konnte dann jedoch nur der Hotelbetrieb weitergeführt werden. Nach umfassender Sanierung gibt es seit Ende der 1990er-Jahre wieder ein eigenständiges Restaurant im Haus, das mit seiner rustikalen Atmosphäre und der hervorragenden Küche keineswegs nur Hotelgäste anzieht.

Seit unserem letzten Besuch hat sich das Team in Hammers Landhotel etwas verändert. Aber der neue Küchenchef, Alexander Schäfer, führt die guten Traditionen des Hauses fort. Er greift auf regionale und saisonale Zutaten zurück. Emulgatoren, Konservierungsstoffe und andere »Küchenhelfer« sind hier tabu. Neben dem handwerklichen Anspruch ist es Schäfer aber auch wichtig, seine Gäste mit besonderen Geschmackserlebnissen zu überraschen. So findet man auf der kleinen, alle drei bis vier Wochen wechselnden Karte auch schon einmal einen Cappuccino vom brandenburgischen Kürbis mit Kürbisbonbon und glasierten Teltower Rübchen. An den Teltower Rübchen, dieser schon im Mittelalter angebauten regionalen Spezialität, kommt man in Teltow natürlich nicht vor-

bei – ab Oktober wird sie in verschiedenen Variationen serviert, auf Wunsch sogar einfach als Beilage. Auch Kürbisnudeln oder Rübchenwurst setzt der kreative Küchenchef zuweilen auf die Karte – natürlich nur zur Saison! Im Herbst ist auch Wildzeit. Dabei legt man hier großen Wert darauf, dass das Fleisch aus der Region stammt, und natürlich vom Jäger, nicht aus dem Gehege. Die Gäste mögen den Unterschied und lassen sich das auch gern ein paar Euro mehr kosten.

Beliebt sind in Hammers Landhotel seit jeher auch die hausgemachten Suppen und Salate, die Fischgerichte – etwa Havelzander aus Caputh – oder Spezialitäten wie Schnitzel vom Ruhlsdorfer Sattelschwein. Das alles kann man sich in der Roten Stube, in der Kornkammer, im Kaminzimmer, wo im Winter tatsächlich der Kamin knistert, oder aber sommers im wunderschönen Garten schmecken lassen. Seinen Tisch sollte man allerdings besser reservieren, denn dass man in Ruhlsdorf gut speisen kann, hat sich in Feinschmeckerkreisen längst herumgesprochen.

Hammers Landhotel
Genshagener Straße 1
14513 Teltow / Ruhlsdorf
03328-414 23
info@hammers-landhotel.de
www.hammers-landhotel.de
Öffnungszeiten: Di–Fr ab 16 Uhr, Sa u. So ab 12 Uhr

Inspektorenhaus

In früheren Zeiten musste auf dem Markt alles seine Ordnung haben: Waren die Gewichte geeicht? War die Elle wirklich eine Elle lang? Die prüfte auch in Brandenburg an der Havel der Inspektor, der in dem nach ihm benannten Haus residierte, dem Inspektorenhaus am Altstädtischen Markt. In dieses Haus, das seit 1978 unter Denkmalschutz steht, zog im Jahr 2009 Michael Zemlin ein, um dort zu kochen.

Bei unserem Besuch gibt es frischen Fisch, genauer gesagt Saibling. Da ist ganz besonderes Fingerspitzengefühl angesagt, schließlich gilt diese Sorte als die Diva unter den Salmoniden. Eine Schönheit, schwer zu kriegen – und vor allem: empfindlich. »Es ist halt ein edlerer Fisch als die Forelle«, sagt Michael Zemlin, »zarter im Geschmack und im Fleisch.« Die Fische bezieht er von der Forellenzucht Gesundbrunnen in Rottstock, wo in 24 Becken Forellen, Saiblinge und Störe artgerecht gehalten werden. Sie wachsen auf im Wasser des Gesundbrunnen-Bachs, einer Quelle, der man wahre Wunder nachsagt. Zwei- bis dreimal die Woche kauft Küchenchef Zemlin hier ein, und meist wird die Ware noch am Nachmittag filetiert und dann mit einer handgemörserten Mischung aus Pfeffer, Meersalz, braunem Zucker, Fenchel, Sternanis und Koriander gebeizt, einer Mischung, die nach großer weiter Welt riecht. Die Prise Exotik bringt Zemlins Frau mit, Orawan Pomruang, die aus einer thailändischen Gastronomen-Dynastie stammt. Kennengelernt haben sich die beiden in einer Kochschule in Köln. »Mein Mann kocht klassisch und ich bringe den thailändischen oder asiatischen

Einfluss«, erzählt Orawan Pomruang. »Und manchmal erfinden wir ein ganz neues Gericht daraus.«

Vor allem bei den Beilagen bleibt die Küche im Inspektorenhaus aber oft auch bodenständig: Gurken werden zu Schmorgemüse, und selbst der Estragon im Essig stammt aus der Nachbarschaft. Dazu Püree vom Lauch und der Kartoffel, dann wird der gebeizte Saibling kurz auf der Hautseite gebraten und angerichtet mit aufgemixtem Möhrenschaum und ein wenig Kalbsjus für die Farbe. Große Küche, aber kein Klimbim – dafür gab es im Michelin 2012 einen Eintrag in der Kategorie Bib Gourmand. »Die Portionen sind bei uns so gehalten, dass die Leute wirklich satt werden«, ergänzt Michael Zemlin, »nicht wie in einem Gourmetrestaurant. Es muss schon was auf dem Teller sein.« Beschwerden nimmt der Küchenchef übrigens höchstselbst entgegen, doch die sind mehr als selten. Es stimmt eben wieder alles dort, wo früher der Inspektor nach dem Rechten sah.

Inspektorenhaus
Altstädtischer Markt 9
14770 Brandenburg an der Havel
03381-32 74 74
info@inspektorenhaus.de
www.inspektorenhaus.de
Öffnungszeiten: Mo–Sa 11–23 Uhr, So 11–15 Uhr,
feiertags 11–23 Uhr

Forellenzucht Gesundbrunnen
14793 Rottstock (direkt an der B 107)
033847-402 41
info@forellenquelle.de
www.forellenquelle.de
Hofladen: April–Okt. Mo–Fr 10–18 Uhr,
Sa–So 9–18 Uhr, Nov.–März täglich 10–16 Uhr

Französische Küche in Brandenburg, das hat eine gewisse Tradition. Das Restaurant Juliette in Potsdam setzt diese Tradition fort – und zwar so gut, dass es sogar vom exklusiven Restaurantführer Michelin empfohlen wird. Für Küchenchef Carsten Rettschlag ist eines ganz besonders wichtig: die Verwendung regionaler Produkte. Wir treffen ihn auf der Sanddornplantage der Firma Christine Berger in Petzow, wo er mit der Chefin fachmännisch den Sanddorn begutachtet. Der findet hier in der Nähe von Werder alles, was er braucht: Sonne, Wind und sandigen Boden. Dass die Früchte jetzt, Anfang August, noch nicht reif sind, macht nichts. Im Hofladen nebenan gibt es gläserweise Sanddorn-Produkte: Saft, Essig, Konfitüre – alles, was in Fläschchen passt, landet hier im Regal. Carsten Rettschlag hat die Plantage vor einigen Jahren entdeckt: »Ich bin mit dem Fahrrad vorbeigefahren und dachte mir: Mensch, was ist denn hier entstanden? Dann bin ich einfach raufgefahren, hab mich ein bisschen ans Wasser gesetzt, Früchte probiert, mit den Kollegen gesprochen. Und dann hab ich gesagt: Mensch – aus Sanddorn kann man bestimmt ein paar schöne Speisen zaubern.«

Weil Sanddorn auch in Frankreich wächst, darf er auf die französische Karte im Juliette. Wir beobachten den Küchenchef dabei, wie er Sanddorneis aus Eiern, Sanddornsaft, Zucker und Sanddornkonfitüre herstellt. Alles wird über dem Wasserbad aufgeschlagen, dann kommt Sahne dazu. Was so einfach aussieht, ist das Ergebnis langen Probierens. »Es gibt auch Fälle, wo wir ein halbes

Jahr an einem Rezept sitzen, um es so auf den Teller zu bringen, wie es jetzt ist«, sagt Carsten Rettschlag und nennt als Beispiel die Crème brûlée mit Gänse-stopfleber.

Während das Eis ein paar Runden in der Sorbetière dreht, werden in der Küche Jakobsmuscheln vorbereitet. »Wenn man die Jakobsmuschel aufmacht und daran riecht, kommt einem die pure Meeresluft entgegen«, schwärmt Rett-schlag, der am liebsten an der Küste wohnen würde. Geboren ist er in Branden-burg an der Havel. Das Juliette ist das einzige französische Restaurant weit und breit. Keine schlechte Partie. Gäste speisen hier ab und an unter Prominenz: Günter Jauch kommt, aber auch Mick Jagger von den Rolling Stones war schon hier. Ein günstiger Genuss ist ein Besuch im Juliette dementsprechend nicht. Die Gäste jedoch sind begeistert. Wenn Brandenburg und Frankreich eine Liai-son eingehen – hätten wir da anderes erwartet?

Juliette
Jägerstraße 39
14467 Potsdam
0331-270 17 91
potsdam@restaurant-juliette.de
www.restaurant-juliette.de
Öffnungszeiten: Mi–Mo 12–15.30 Uhr,
18–22 Uhr, im Dez. täglich

Sanddornplantage
der Firma Christine Berger
Fercher Straße 60
14542 Werder OT Petzow
03327-469 10
info@sandokan.de
www.sandokan.de
Öffnungszeiten: Mo–Fr 10–17 Uhr,
Sa u. So 10–18 Uhr

»Entspannte Landhausküche« nennt sich im Beeltizer kochZIMMER das Konzept der Inhaber Claudia und Jörg Frankenhäuser. Umgesetzt wird es von Küchenchef Patrick Schwatke, der unter anderen beim Berliner Sternekoch Tim Raue in die Lehre gegangen ist. Doch anders als die Kreationen des avantgardistischen Meisters polarisiert die Speisekarte in Beelitz etwas weniger, kreativ ist sie aber allemal.

Wer in die Küche geht, heißt es, darf die Hitze nicht scheuen. Manchmal ist aber auch ein eher laues Lüftchen angesagt, etwa wenn zarte Keulen vom Beelitzer Kaninchen in den Ofen kommen, fünf Stunden lang bei 65 Grad, dann sind sie butterweich. Dazu Kräuterseitlinge und ein Püree vom Hokkaido und vom Muskatkürbis: ein Gesamtkunstwerk. Kaninchen findet in Beelitz immer Anklang, beim Kürbis musste Schwatke ein wenig Überzeugungsarbeit bei den Gästen leisten, vor allem bei den Älteren hat er noch immer keinen guten Ruf. Aber der Küchenchef kennt die Lösung: »Mein Großvater isst Kürbis prinzipiell nicht. Wir haben es ihm untergeschoben, das hat dann funktioniert. Man muss es veredeln, das ist das Wichtige bei dem Produkt.«

Das Edelgemüse, das im kochZIMMER verarbeitet wird, kommt vom Kürbishof Beelitz. »Von wegen großer gelber Zentner vom Kompost«, sagt Ökolandwirt Thomas Syring, »über 850 Sorten gibt es.« Seine Spezialität stammt aus Österreich, ein Steiermarker, den Syring eingebürgert hat: »Wir haben 2004 begonnen, den steirischen Ölkürbis anzubauen, um die Kerne zu gewinnen. Er ist

kein Speisekürbis, aus ihm wird nur Öl gepresst.« Und so sind die Äcker hinter Beelitz zu Ölfeldern geworden, auf denen noch die gelben Schalen liegen, während Syring sein schwarzes Gold in Flaschen füllt. Fruchtig, nussig, malzig ist das, was er aus seinen Kernen presst, mit einem Hauch von Karamell, perfekt etwa zu Ziegenkäse mit geflämmtem braunem Zucker auf Feldsalat und Kürbischutney.

Das kochZIMMER ist eine kulinarische Institution in der Stadt geworden, seit Claudia und Jörg Frankhäuser es im Mai 2011 eröffnet haben. Bescheiden damals, wer wusste schon, wie gehobene Küche in Beelitz angenommen wird.

Nicht nur die Beelitzer, auch die Gourmetkritiker von Gault Millau und Michelin haben die junge Truppe hoch gelobt, und immer mehr Gäste reisen von weither an. Sie stellen fest, dass das kochZIMMER Wohnzimmer-Atmosphäre hat, schwärmen noch Wochen später von geschmorter Ochsenbacke mit Burgunderzwiebeln und Selleriepüree und von dem Beelitzer Kaninchen.

kochZIMMER
Berliner Straße 195
14547 Beelitz
033204-709 366
info@kochzimmer-beelitz.de
www.kochzimmer-beelitz.de
Öffnungszeiten: Mi–So 12–22 Uhr,
Reservierung erforderlich

Kürbishof Beelitz
Trebbiner Straße 69f
14547 Beelitz OT Zauchwitz
033204-638 015
www.beelitzerkuerbis.de
Öffnungszeiten: April–Juni 7–19 Uhr,
Juli–Nov. 9–17 Uhr

Landhaus Alte Schmiede

Wo früher die Esse angeheizt wurde, kocht heute Küchenchef Dirk Krause regionale Köstlichkeiten: in der Alten Schmiede in Lühnsdorf. Alles, was im Hohen Fläming wächst und vor allem hoppelt, kommt auf die Teller. Die Karte ist also mehr etwas für Feinschmecker als für Tierfreunde.

Hundert Tage Beelitzer Landluft, dann hat es sich ausgemümmelt. Und doch weiß Küchenchef Dirk Krause, dass er nicht der Mann fürs Grobe ist: »Ich bekomme die Kaninchen schon geschlachtet. Als Teile, als Rücken und Keule. Das ist halt so, man guckt sich die Tiere vorher an. Und wenn sie gut gehalten werden, dann passt es.«

Erst gut leben, dann gut schmecken. Dass es bei den Kaninchen aus Beelitz so ist, darauf vertraut Küchenchef Krause seit 2007, solange kocht er nämlich in Lühnsdorf bei Niemegk. Jwd war das für ihn zu Beginn, vorher hatte er die Küche der Deutschen Oper in Berlin unter sich: »Als ich das erste Mal hier war, dachte ich, die Erde ist eine Scheibe und ich falle gleich hinten runter. Aber ich habe mich eines Besseren belehren lassen. Der Ort ist topgepflegt. Jeder Nachbar achtet auf seinen Vorgarten. Wir haben 120 Einwohner. Lühnsdorf ist wirklich die Perle im Fläming.«

Die Alte Schmiede wiederum möchte die schönste Perle im Ort sein. Zehn Jahre lang hat Familie Kaufmann-Götz den imposanten Vierseithof auf Vordermann gebracht – sehr geschmackvoll und so behutsam, dass Gäste heute noch zwischen Amboss und Esse tafeln können – natürlich noch weit mehr als Kanin-

chen. Dirk Krause hat hier die Ruhe gesucht und das gefunden, was für einen Küchenchef an Entspannung möglich ist. Bescheiden ist die Speisekarte deshalb aber nicht.

Wenn der Koch das Mittagsmenü verkündet, läuft einem das Wasser im Mund zusammen: »Wir kochen jetzt Kaninchenleber mit Pfifferlingen in frischem Rahm, also in einer Sherrysauce. Und ein gebratenes Kaninchencurry.« In die Pfanne kommt das, was die Gegend hergibt. Sei es nun Kaninchen, Rehbraten oder Kräuterschwein. Die Rezepte entstehen hier am Herd, jede Saison neu.

Leber ja, Nieren und Herz nein: Küchenchef Krause hat die Grenzen seiner Gäste ausgelotet. Die wissen auch, dass sie bei ihm satt werden. Darauf ist er stolz – und auf das, was er hier komponiert.

Landhaus Alte Schmiede
Dorfstraße 13
14823 Niemegk-Lühnsdorf
033843-92 20
flaeming@landhausalteschmiede.de
www.landhausalteschmiede.de
Öffnungszeiten Küche: Mo–Fr 12–21 Uhr, Sa u. So 11–21 Uhr

Landlust Körzin

Ende September, mitten in der Jagdsaison, besuchen wir Körzin. Bevor wir im Restaurant Landlust in die Töpfe schauen, machen wir einen Abstecher zum Fläming Wildhandel in Bardenitz. Dort treffen wir auf Gastwirt Stefan Laun, der gerade im Kühlhaus seines langjährigen Wildhändlers Jürgen Griebsch sorgfältig seine Ware begutachtet. Er ist überzeugt von dem Fleisch: »Wild – mehr Öko geht eigentlich nicht. Die Tiere wachsen in einer gesunden Umgebung in unseren brandenburgischen Wäldern auf, suchen sich ihr Futter selber und können sich ständig bewegen.«

Ulrike Laun, Inhaberin des Restaurants Landlust Körzin, und ihr Mann, der selbst Jäger ist, wissen, welches Tier sauber geschossen wurde. Beim Wildhandel Fläming können sie sich vor Ort von der Qualität überzeugen und zusehen, wie sorgfältig es verarbeitet wird. Nach vier bis fünf Tagen Reifezeit wird das Fleisch zerlegt. Hier ist fast alles Handarbeit.

Stefan Laun entscheidet sich heute für Edelstücke vom Damwild. Fett- und sehnenfrei geschnitten sind sie feinste Grundlage für das Hirschgulasch, das an diesem Wochenende auf der Karte steht. In Körzin, mitten im Nuthe-Nieplitz-Tal, betreiben Stefan und Ulrike Laun ihr gemütliches Lokal mit dem wunderbaren Blick in die brandenburgischen Weiten. Küchenchefin Ulrike Laun experimentiert gern. Im Herbst passen Sellerie und Birnen zum Hirschgulasch. Sie erfindet jede Woche die gesamte Speisekarte neu: »Ich kann mir nicht vorstellen, eine Karte zu haben und ein Vierteljahr lang immer dasselbe

zu kochen. Es gibt so viele Zutaten auf der Welt und so viele tolle Kombinationen. Ich werde sie mit Sicherheit in meinem Leben nie ganz auskosten, obwohl ich jeden Tag eine neue Karte mache.« Inspirieren lässt sie sich vor allem
von den Jahreszeiten. Das Hirschgulasch gibt es diesmal mit Walnussnudel-
rolle und Feigenchilikompott. Stefan Laun ist sehr stolz darauf, dass einige
Stammgäste sogar mehrmals im Monat kommen: »Einige wenige natürlich,
aber es gibt sie. Und die kommen nicht, weil sie fünfmal hintereinander das
Gleiche essen, sondern weil sie genauso experimentierfreudig wie wir sind.«
Landlust heißt bei Familie Laun auch, Traditionelles mit ganz neuen Geschmackserlebnissen zu verbinden. Stefan Laun kocht selbst nicht, aber wenn
er die Kreationen seiner Frau serviert, ist es ihm wichtig, alle Zutaten genau zu
kennen: »Der Service muss sich ja darauf einstellen, das heißt, er muss Rede
und Antwort stehen.« Und während die Gäste noch genießen, werden in der
Küche längst schon wieder neue Gerichte ausprobiert.

Landlust Körzin
Körzin 19
14547 Beelitz
033204-601 71, 0173-248 39 83
info@landlust-koerzin.de
www.landlust-koerzin.de
Öffnungszeiten: Do–Sa 11–21 Uhr,
So 10–21 Uhr

Fläming-Wildhandel Bardenitz
Bardenitzer Dorfstraße 56
14929 Treuenbrietzen OT Bardenitz
033748-155 97
info@flaeming-wildhandel.de
www.flaeming-wildhandel.de
Öffnungszeiten: Mo–Fr 8–17 Uhr,
Sa 8–12 u. So 9–11 Uhr

In Philippsthal südlich von Potsdam steht das Restaurant, das den Namen des Ortes trägt. Das heutige Gasthaus ließ Friedrich der Große im 18. Jahrhundert für Textilspinner bauen, die das Garn für die Militäruniformen herstellten. Hier wird seit einiger Zeit so gut gekocht, dass auch Restauranttester vom Michelin voll des Lobes sind. Nicht zuletzt, weil hier das Regionale auf dem kürzesten Weg in die Pfanne kommt, heute, Mitte September, ist es der Kürbis. Man nehme Schätze aus dem eigenen Garten und einen selbstbewusst-kreativen Koch, fertig ist ein 3-Gänge-Menü. Von Suppe über Ragout bis Dessert – in allen Gerichten wird der Kürbis eine Hauptrolle spielen. Aber ein einfacher Landkürbis als Gaumenschmaus – passt das? Es passt, sagt Restaurantchef Guido Kachel: »Ein Kürbis ist sehr vielseitig einsetzbar. Das ist, was den Kürbis so interessant für uns macht.«

Guido Kachel war nicht auf Wanderschaft, er hat sein Handwerk in der Region gelernt. 2008 hat er das Gehöft in Philippsthal gekauft. Auf dem viertausend Quadratmeter großen Grundstück wächst und gedeiht, wovon ein Küchenchef träumt: Gemüse und frische Kräuter, aber auch Hühner, Gänse oder Ziegen. Und was dem Chef vor die Nase kommt, steht sogleich auf der Speisekarte. Denn gekocht wird, was sich ergibt. Bietet ein Jäger ein Reh an, warum nicht?

Guido Kachel reagiert auf das Angebot: »Dann fange ich an, darüber nachzudenken: Wie machen wir das mit dem Reh? Dann hat man vielleicht Birnen

und Pastinaken da, die auch gerade frisch ins Kühlhaus gekommen sind. Und damit machen wir dann meinetwegen einen Rehrücken mit einem Pastinaken-Birnen-Gemüse.«

Heute erwartet die Gäste eine Kürbissuppe als erster Gang. Mit Ingwer und Chili bekommt sie ihren Pfiff. Das Kürbis-Ragout mit Äpfeln und Spanferkelfilet folgt sogleich. Und schließlich: mit Marzipan gefüllte Pflaumen auf Kürbiskernkrokant. Einfach und sehr lecker: »Man nimmt ein bisschen Zucker, der wird karamellisiert. Die Kürbiskerne werden mit karamellisiert. Es wird mit einem Schluck Zitronensaft und Sahne aufgefüllt, eingekocht und geschlagene Sahne untergehoben. Die Pflaumen werden entkernt. Dafür kommt eine kleine Kugel Marzipan rein. Das wird kurz unter den Grill gehalten und schon kann man es anrichten.«

Hochzeitsgesellschaft oder Mittagessen – für sechzig Gäste ist in den alten Gemäuern des Philippsthal Platz. Guido Kachel will, dass seine Gäste spüren, wie viel Spaß seine Mannschaft am Job hat, und natürlich, dass es schmeckt.

Philippsthal
Philippsthaler Dorfstraße 35
14558 Nuthetal
033200-524 432
info@restaurant-philippsthal.de
www.restaurant-philippsthal.de
Öffnungszeiten: täglich ab 12 Uhr

Groß Behnitz
Seeterrassen im Landgut A. Borsig

Das Landgut Borsig bei Nauen versorgte früher die Borsig Werkskantine in Berlin mit Lebensmitteln. Das Landgut gibt es nach wie vor, inzwischen mit eigenem Restaurant. Auf der Karte findet sich eine gehobene Küche mit ausschließlich regionalen Produkten. Seit Neuestem ist auch Gallowayrind im Angebot. Die zottligen Vierbeiner sind in der Döberitzer Heide eigentlich zur Landschaftspflege eingesetzt, geben aber auch ein leckeres Steak ab.

Handzahm und doch beinahe wilde Tiere sind die Galloways von Helmut Querhammer, nie haben sie einen Stall gesehen, nur die Heide hinter Fahrland, ein Urwald, seit die Rote Armee hier das Gelände geräumt hat. Das ganze Jahr unter freiem Himmel, glücklicher kann eine Kuh kaum sein, und man schmeckt es, wie Querhammer sagt: »Es schmeckt kräftiger nach Rind, das muss man ja auch mal kennenlernen, dass Rindfleisch einen eigenen Geschmack hat. Das Tier wächst langsamer heran und das unterscheidet solch ein Fleisch natürlich von einem gemästeten Bullen, der nur im Stall steht.«

Ein Tier aus Massenhaltung käme nie in die Pfanne von Konstantin Kovac. Der Küchenchef im nahen Landgut Borsig setzt seit Kurzem auf das Robustrind aus der Nachbarschaft: Das Filet ist für jeden Koch ein Traum, viel kann man da nicht falsch machen, sagt Kovac, höchstens zu viel Klimbim. Kartoffeln, weiße Rüben und Schalotten, das gibt es hier zum Galloway – wenn er denn eines hat: »Für uns ist es immer noch eine Rarität, ein Versuchskaninchen, wir wollen sehen, wie das Galloway ankommt.«

Essen und alles, was dazu gehört, war immer schon Bestimmung dieses Hauses, nur der gediegene Rotwein zwischen weiß verputzten Wänden, der ist neu. Geschäftsführer Michael Stober führt uns durch das Haus: »In diesem Raum hier war mal das Geflügelhaus der Familie Borsig, die 1866 das Gut übernommen haben und in der jetzigen Form ausgebaut haben, weil sie damals schon die bahnbrechende Idee hatten, ihre eigene Werkskantine mit selbst hergestelltem Essen zu versorgen.«

Aus der Werkskantine für die Berliner Bahnarbeiter ist jetzt gehobene Gastronomie geworden. »Dennoch soll es einfach und gradlinig sein«, sagt Kovac, »je besser das Produkt, desto weniger braucht es den Koch.« So simpel eben wie ein Stück Fleisch in einer Pfanne.

Seeterrassen im Landgut A. Borsig
Behnitzer Dorfstraße 29–31
14641 Nauen OT Groß Behnitz
033239-208 066
info@landgut-aborsig.de
www.landgut-aborsig.de
Öffnungszeiten: täglich 11.30–21 Uhr

Döberitzer Heide-Galloways
Döberitzer Straße 29
14476 Potsdam OT Fahrland
033208-508 84
info@doeberitzerheide-galloways.de
www.doeberitzerheide-galloways.de
Öffnungszeiten: spezielle Verkaufstermine,
Vorbestellung

Wer selbst kocht, kennt das Problem: Man kauft ein großes Stück Fleisch und in der Pfanne schrumpft das Steak auf die Größe eines Kinderschnitzels. Das würde in der Springbach-Mühle in Bad Belzig nie passieren. Auch wenn das Gericht heute erst gar nicht in die Pfanne kommt.

Die Springbach-Mühle Belzig ist nicht nur ein reizvolles Fachwerkhaus direkt am Wasser mit einer schönen Umgebung. Das Restaurant hat auch eine reichhaltige regionale Speisekarte. Küchenchef Hans-Joachim Kalkofen hat schon Präsidenten und Könige verköstigt – bis 2001 war er nämlich Koch im Restaurant im Bundestag. Sein Carpaccio gibt es in verschiedenen Gewändern, je nach Saison. Herzstück aber ist das Carpaccio-Fleisch, wie uns der Koch erklärt: »Carpaccio kommt aus dem Italienischen, ganz ursprünglich von Capribai, das war ein Dichter und Musiker in Italien, der das Gericht einmal im Restaurant bestellte. Die Italiener verwenden Zitronensaft, Olivenöl, Balsamico und Parmesan. Wir wandeln das in unserer Region ein bisschen ab.«

Das Fleisch stammt von Rinderzüchter Stefan Leue, der eigentlich in Rottstock einen Pferdehof betreibt. Seit 2005 hat er auch Dexter-Rinder, eine irische Rasse, klein und robust. Leue will seine Weiden voll nutzen und hält sich deshalb ganzjährig die genügsamen Dexter: »Die Dexter leben zwei Jahre lang in der Freiheit, wachsen hier auf, werden nur mit Heu und Stroh zugefüttert. Durch die ständige Bewegung entwickelt sich die Muskulatur, das Fett lagert sich im Muskelgewebe ein. Das Fleisch ist relativ kurzfaserig und darum ist ein

Braten am Ende noch genauso groß wie vorher.« Das geschlachtete Vieh geht fast ausschließlich an die Springbach-Mühle Belzig. Koch Kalkofen gibt zu, kein Carpaccio-Fan zu sein, aber die Gäste bestellen es dutzendfach. Außerdem gibt es ja noch den Tafelspitz und eine Reihe anderer Köstlichkeiten. Die Gäste erzählen, dass sie nicht nur wegen des Essens kommen, sondern auch wegen der tollen Landschaft und des schönen Ambientes. Auf 16 Hektar Land gibt es viel zu sehen. Familien zieht es zu den Tiergehegen, Damwild, Mufflons und Pfauen leben hier. Im Hotelbetrieb laden Zimmer zum Bleiben ein. 2000 hat Geschäftsführer Gabriel Muschert das Haus von seinen Eltern übernommen. Er gestaltet auf dem Anwesen alles genau nach seinem Geschmack, und das braucht Zeit, wie er lachend zugibt: »Acht Stunden lang ist es meine Arbeit, danach ist es mein Hobby. Und det betreib ick gerne, Gastronomie macht mir Spaß.« So leidenschaftlich arbeitet auch das Personal, sagt der Chef. Die Betreiber der Springbach-Mühle Belzig wollen mit gediegener Gemütlichkeit punkten – und das gelingt ihnen.

Springbach-Mühle Belzig
Mühlenweg 2
14806 Bad Belzig
033841-62 10
info@springbachmuehle.de
www.springbachmuehle.de
Öffnungszeiten: täglich ab 11 Uhr

Pferdehof Leue
Dorfstraße 40
14793 Gräben OT Rottstock
033847-416 37
info@pferdehof-leue.de
www.pferdehof-leue.de

Ferch
Wildschweinbäckerei

Wer in Ferch Wildschwein essen will, geht hier schon seit zwanzig Jahren zum Bäcker. Doch Volker Paulus sagt von sich selbst, er sei weder Bäcker noch Koch noch Fleischer. Der Mann ist stolzer Jäger und hat sich auf etwas spezialisiert, das in Deutschland einzigartig ist: Sein Wild wird im Steinbackofen gegart.

Draußen vor der Wildschweinbäckerei kann man sie lebendig begutachten, die Leckerbissen. Die kommen aber nicht auf den Teller, sie sind nur zum Angucken. So grausam ist Jäger Paulus dann doch nicht. Das Wild für die Röhre wird vom Jäger selbst er- und zerlegt. Dann kommt das Fleisch über Nacht in einen Sud aus Wurzelgemüse und Rotwein mit frischen Fichtenzweigen, fürs Wald-Aroma.

Die große Herausforderung bei der Zubereitung von Wild ist es, das Fleisch zart werden zu lassen. Aber Volker Paulus hat sein Geheimrezept gefunden: »Det is kein Stalltier, wat nur rumsteht. So ein Wildschwein läuft pro Nacht bis zu vierzig Kilometer. Wir nehmen nur Tiere bis zwei oder drei Jahre, ältere können wir bei unserer Methode nicht verwenden. Zart macht es dann mein Ofen!«

Den Ofen holte Paulus' Vater aus dem Forsthaus in den eigenen Garten, damit die Jägerkumpels sich mal ein ganzes Wildschwein backen konnten. Nach der Wende wurde dann eine Geschäftsidee daraus, die bis heute Erfolg hat. Volker Paulus feuert den Ofen im Garten an. Wannenweise werden Wildschwein, Reh, Fasan und weiteres Wild in den Ofen geschoben. In dem mit Buchenholz geheizten Steinofen bäckt das Fleisch nun gute drei Stunden.

Direkt hinter dem Gasthaus beginnt Paulus' Revier als Jäger. Schon seit seiner frühesten Kindheit geht er mit auf die Jagd. Er liebt den Wald, die Natur und ist Jäger aus Passion. Käme Volker Paulus mehr zum Jagen, würde er alle seine Gäste mit dem eigenen Wild füttern. Aber er kann nur gut ein Zehntel der Nachfrage mit selbst Erlegtem bedienen. Den Rest bekommt er von anderen Jägern.

Wieder ist eine Wanne fertig. Paulus backt nie Wildschwein allein, auch Reh und Hirsch kriegen etwas von dem kräftigen Aroma ab. Fleisch und Sauce aus dem Ofen kommen in der Jägerstube pur auf den Teller, dazu gibt es Knödel und Rotkohl. Und weil Volker Paulus Jäger ist und kein Koch, dickt er die Sauce nicht an. Die Gäste schätzen das. Selbst die Berliner seien zufrieden, sagt der Wildschweinbäcker mit einem Schmunzeln, denn das will was heißen. Am Wochenende ist Reservieren angesagt in der Wildschweinbäckerei, sonst kann es dem wildhungrigen Gast passieren, dass er nach Ferch kommt und – draußen bleiben muss.

Wildschweinbäckerei
Beelitzer Straße 68
14548 Schwielowsee OT Ferch
033209-706 26
wildschweinbaecker@imail.de
www.wildschweinbäckerei.de
Öffnungszeiten: Mi–Fr 12–22 Uhr,
Sa 12–24 Uhr, So 12–20 Uhr

Zur Alten Brauerei

Ein bezaubernder Vierseithof mitten in Beelitz, urgemütlich, romantisch gelegen und etwas versteckt, lädt zum traditionellen Spargelessen ein. Der Gastraum ist klein und fein, zur Sicherheit sollte man reservieren. Der Spargel kommt vom Feld nebenan und wird erntefrisch verarbeitet. Das Edelgemüse gibt es in klassischer Kombination mit Schnitzel und Lachs, aber auch außergewöhnlich als Spargelgratin oder grüner Spargel mit Linguini und Kirschtomaten.

Handarbeit ist eine Frage der Ehre, denn Edles bleibt nur edel, wenn es behutsam behandelt wird. Die Bedächtigkeit des Althergebrachten ist in der Alten Brauerei noch zu Hause. Deshalb wird der Spargel hier auch gekocht und nicht gedämpft. Natürlich kommt die Qualität zuerst aus dem Boden, aus dem Spargel-freundlichen Beelitzer Sander, und hat viel damit zu tun, wie der Bauer das Gemüse behandelt. Gerade das interessiert den Gastwirt. Peter Wardin kommt deshalb oft vorbei und lässt sich erklären, worauf geachtet werden muss. Uwe Hentschel vom Spargelhof Elsholz zeigt auf die typischen gewölbten Reihen vor sich: »Das ist eine Taschenfolie. Da wird Sand eingefüllt, damit der Wind die Folie nicht wegtragen kann. Und die Löcher sind dazu da, dass das Regenwasser, das hereinläuft, unten wieder herausläuft.«

Peter Wardin lobt den Hof der Hentschels und schwärmt, dass hier auch Sonderwünsche erfüllt werden. Sollte es unbedingt nötig sein, dann könne man sogar nachts vorbeikommen, um frisch gestochenen Spargel zu bekommen. Hentschel nickt: »Das würden wir machen, ja. Wir schälen und stechen auch nachts.«

Den ersten Spargel holt Peter Wardin immer selbst. Noch vor der Auslieferung will er sehen, wie das Edel-Gemüse der neuen Saison gewachsen ist. Nicht mal zehn Minuten braucht er bis zur Küche der Alten Brauerei, da verliert der Spargel auf dem Weg nichts von seiner Kraft. Während seine Kollegen behutsam schälen, würzen und kochen, übt sich auch der Chef mit seiner Frau in Handarbeit. Die Speisekarte ist mit der Feder geschrieben, nicht nur ausgedruckt, und bebildert mit den eigenen Verwandten. Ein Bild zeigt Wardins Ur-Großvater, der Anfang der 1930er-Jahre eine Spargelabsatzgenossenschaft in Beelitz gründete, dessen Leiter er jahrelang war. Die Absatzgenossenschaft hatte genau auf diesem Gehöft, in dem heute die Alte Brauerei beheimatet ist, ihren Hauptsitz.

Zum Spargel gibt es in der Alten Brauerei kein Schnitzel, sondern Kotelett. Die Köchin Brigitte Schöneberg erklärt, dass das Kotelett zarter ist als ein Schnitzel. Wer mit so viel Behutsamkeit kocht, der braucht etwas länger. Deshalb sollte der Gast keine Eile haben. Aber das Warten lohnt sich.

Zur Alten Brauerei
Mühlenstraße 30
14547 Beelitz
033204-357 77
info@alte-brauerei-beelitz.de
www.zuraltenbrauerei.de
Öffnungszeiten: 6. Juli–Mitte Sept.
Mi–Fr 17–22 Uhr, Sa u. So 12–22 Uhr

Spargelhof Elsholz
Bahnhofsweg 2a
14547 Beelitz OT Elsholz
033204-617 741
kontakt@spargelhof-elsholz.de
www.spargelhof-elsholz.de

Als wir Hotel & Gasthof Zur Linde in Wildenbruch im Januar besuchen, prasselt in dem urigen Gastraum das Kaminfeuer. Gekocht werden hier ab und an auch Spezialitäten, die man aus Österreich kennt. Die Zutaten aber sind echte Brandenburger.

Selten genug kommt ein Tafelspitz im Brandenburgischen auf den Tisch. Da lohnt ein Blick auf das Was und Wie, ein Blick hinter die Küchenkulissen in Wildenbruch. Wenn Chefkoch Guido Reihs die Zubereitung erklärt, dann hört sich das ganz einfach an: »Rein in den Topf, Wasser und Gewürze dazu und kochen, bis es weich ist. Wichtig ist, dass wir Gemüse dazu haben, Möhren, Zwiebeln und Sellerie und passende Gewürze wie Piment, Pfefferkörner, Salz und Lorbeeren. Das Salz darf erst nach dem Aufkochen dazugegeben werden, damit man eine klare Brühe gewinnt.«

Das Küchenteam um Guido Reihs erzählt uns, dass mit ihm die Küche im Restaurant Zur Linde das wurde, was sie heute ist: modern-gutbürgerlich. Mittlerweile hat sich die Speisekarte auch über die Ländergrenze hinweg einen Namen gemacht. Bis zu 70.000 Gäste strömen jährlich hierher.

1991 kaufte Familie Weißmann das Areal um Tenne, Spielplatz und Wintergarten. So wie das gesamte Gelände entwickelten sich auch die Besitzer im Laufe der Jahre weiter. Ralf Weißmann erinnert sich an den Beginn: »Die Anfänge waren grausam, nur Fritteuse und Co, da haben wir nicht gekocht. Dann sind wir mit den Gästen gewachsen. Die Küche muss ehrlich und authentisch sein

und vor allem mit Produkten aus der Region. Es ist wichtig, die wenigen Unternehmer, die es in dieser Region noch schaffen, zu unterstützen.« Eines dieser Unternehmen ist der Hof Schreinicke in Stücken. Landwirt Jens Schreinicke bewirtschaftet die riesigen Weiden und Wiesen, die schon seinem Urgroßvater gehörten. Das Wohl der Tiere hat für ihn höchste Priorität: »Für mich ist wichtig, dass die Tiere zufrieden sind und artgerecht gehalten werden. Hier haben sie 1150 Hektar Auslauf und kommen an Fressen ran, wann immer sie wollen.« Auf dem Hof betreibt Schreinicke einen Wild- und Rinderhandel. Der Tafelspitz, der heute im Gasthof Zur Linde serviert wird, stammt aus ihrem Betrieb.

Nach eineinhalb Stunden Köcheln ist es in der Restaurantküche nun so weit: Es kann angerichtet werden. Mit einer Sauce aus Meerrettich und auf gebuttertem Gemüse geht der Tafelspitz raus zu den Gästen. Und sollten die einmal tatsächlich nicht zufrieden sein, dann ist der Spruch, den Familie Weißmann an der Theke aufgestellt hat, ganz wörtlich zu nehmen: Gehen Sie uns auf den Keks!

Hotel & Gasthof Zur Linde
Kunersdorfer Straße 1
14552 Wildenbruch
033205-230 20
linde@linde-wildenbruch.de
www.linde-wildenbruch.de
Öffnungszeiten: täglich Frühstück ab 8 Uhr
nach Vorbestellung, 12–21 Uhr

Im Dörpkrog an Diek in Abbendorf werfen wir einen Blick in die Töpfe und sind »dichtebi«, wie es auf Plattdütsch wohl heißen würde. Denn in der Elbtalaue, wo der Gasthof steht, wird Prignitzer Platt gesprochen, und das hört man auch am Namen des Hauses, der auf Hochdeutsch »Dorfkrug am Deich« heißt. Seit zwanzig Jahren gibt es das Restaurant, für das der Fischer Wolfgang Schröder aus Strohdehne seit eh und je den Fisch an Land zieht.

Zander, Wels oder Hecht, als Filet, gebraten oder als Hechtklößchen – im Dörpkrog an Diek kommt auf den Teller, was aus dem Wasser kommt, schließlich trennt nur der Deich den Dorfkrug von Havel und Elbe. Wir treffen Fischer Schröder. Schon mit zehn Jahren wusste Wolfgang Schröder, dass er nichts anderes machen wollte als zu fischen. Früh am Morgen ist er schon rausgefahren, denn der Dorfkrug wartet auf die frische Osterlieferung. Dreihundert Meter Zugnetz legt er dafür mit seinen Kollegen in den Kuhlen neben der Elbe aus. Die Netze werden verlegt und direkt wieder eingeholt. Wie in einem Beutel ziehen die Fischer ihren Fang an Land. Schröder erklärt: »Das ist eine sehr schonende Methode. Die Fische werden dabei nicht verletzt. Alles, was zu klein ist, fliegt wieder über Bord und kann dann auch ohne Schäden weiterleben.«

Keine Stunde später bekommt Florian Völchner, Koch im Dörpkrog an Diek, seine frische Fisch-Lieferung, gut 2,5 Kilo Hecht, und beginnt gleich mit dem Filetieren. Die Gäste sollen Frisches aus der Region auf den Teller bekommen. Völchner erzählt, warum ihm das so wichtig ist: »Ich unterstütze damit nicht

nur meine Gäste mit frischen Produkten, sondern auch den kleinen Händler, der die Fische oder das Reh oder Wild loszuwerden versucht, das er hier selber schießt, angelt oder fängt. Und da ich von der Küste komme und Fisch frisch von zu Hause kenne, wird es bei mir auch nie etwas anderes geben.«

Maika Srajer führt gemeinsam mit Partner und Koch Florian Völchner den Landgasthof. Eine urige Kaminküche, ein Jagdzimmer und sogar Stellplätze für Wohnmobile gehören zum Angebot. Der Schwerpunkt liegt aber auf der frischen und einfallsreichen Küche. Der frischgefangene Hecht brutzelt inzwischen in der Pfanne, dazu gibt es Spinat.

Am Stammtisch treffen wir wenig später Fischer Schröder und seine Kollegen. Und was bestellen sich Fischer in einem Dörpkrog: Fisch natürlich. Man wolle schließlich wissen, was aus dem Hecht geworden ist …

Dörpkrog an Diek
Am Deich 7
19322 Abbendorf
038791-72 33
info@doerpkrog-an-diek.de
www.doerpkrog-an-diek.de
Öffnungszeiten: ab April täglich ab 11 Uhr

Im Kranhaus in Wittenberge werden Prignitzer Produkte fantasiereich zubereitet. Das Kranhaus gehört zu Wittenberge wie die Elbe, die direkt am Haus vorbeifließt. Ein malerischer Ort für das Restaurant, das Knut Diete betreibt. Jeden Tag steht er selbst in der Küche. Seine große Leidenschaft sind ausgefallene Rezepte, wie exotisches Fleisch beispielsweise. Heute kommt ein Strauß auf den Teller. Diete ist sichtlich begeistert: »Raffiniert ist das ganze Gericht. Wir haben das wunderbare Straußenfleisch aus der Region, wir haben die Portweinsauce mit der Schokolade und das Blumenkohlpüree.«

Die Vögel auf der Straußenfarm Westprignitz in Perleberg wissen zum Glück nicht, wohin ihre Reise geht. Über siebzig Tiere sind hier zu Hause, gezüchtet werden sie seit 2004 von dem Immobilienmakler Dietmar Joesten. Er schmunzelt, wenn er erzählt, wie er zu den exotischen Tieren kam: »Anfangs hatten wir acht Tiere, acht Küken, und stellten dann plötzlich fest: Wir haben acht Hähne. Und mit acht Hähnen kann man schlecht eine Zucht beginnen. Wir haben uns dann doch noch ein paar Tiere dazugekauft, da waren dann auch ein paar Hennen dabei. Wir haben so einen kleinen Zuchtstamm dabei gehabt. Und dann ist aus dem Hobby ein Landwirtschaftsbetrieb geworden.«

Knut Diete kommt regelmäßig nach Perleberg, um die Speisekarte des Kranhauses zu füllen, denn für seine Gerichte verwendet er regionale Ware aus der Prignitz. Serviert werden Straußenpastete, Straußenbraten, Salami, Knacker, Schinken oder wie heute Filet. In der hauseigenen Fleischerei wird Knut Diete

immer fündig. Zurück im Kranhaus Wittenberge beginnen die Vorbereitungen für das abendliche Menü. Das Fleisch wird zunächst in Alufolie gewickelt und in einem gewürzten Gemüsefond gegart. Angebraten wird erst am Ende. Bei dieser Zubereitungsart bleibe das Fleisch wunderbar saftig, verrät der Küchenchef. Auf das Straußenfilet kommt Portweinsauce mit Schokolade, verziert mit Feigen und Gorgonzola. Dazu gibt es Blumenkohlpüree. Ein kulinarischer Traum von einem Koch, der noch viele andere Leckerbissen in petto hat.

Im Gastraum nebenan füllen sich die Tische. Das Kranhaus ist über die Landesgrenzen hinaus bekannt, selbst aus Hamburg und Berlin kommen die Gäste. 1882 wurde es als Lagerhaus und Umschlagplatz an der Elbe erbaut. Damals war Wittenberge eine florierende Handelsmetropole. Geblieben ist das einzigartige Flair der alten Gemäuer. Der Betreiber des Gasthauses weiß das zu schätzen: »Die Natur, die mich hier umgibt, ist eigentlich Motivation, jeden Tag was Neues zu machen, und so wie der Fluss Elbe immer in Bewegung ist, so sind wir auch immer in Bewegung.«

Das Kranhaus
Elbstraße 4a
19322 Wittenberge
03877-402 050
kranhaus@knutdiete-oberlecker.de
www.kranhaus.de
Öffnungszeiten: Di–So 11–24 Uhr

Idyllisch haben sie es, die Ziegen vom Schleusenhof Regow, auf ihrer Nieder-moorwiese im Wald, gleich an der Havel. Mehr Bio geht nicht: Gefüttert wird mit brandenburgischem Demeter-Getreide, dazu gibt es frische Gräser von der Wiese – in der Milch schmeckt man das.

Wenn Küchenchefin Kathleen Devantier mit ihm fertig ist, dann schmeckt der Käse aus der Regower Ziegenmilch gewiss nicht nach Stall, eher nach einer zarten Delikatesse. Die Köchin vom Gasthaus Alter Hafen macht aus dem Bio-käse von nebenan eine karamellisierte Raffinesse: die »Regower Häppchen«. Auch ihre Gäste wissen die Qualität der frischen regionalen Produkte zu schät-zen, die sie verwendet.

Bodenständige Küche und regional statt Massenware – im Gasthaus Alter Hafen ist das Prinzip. Und bei den Gästen kommt es an: Wer hier essen möchte, sollte reservieren, sonst kann es sein, dass man vielleicht keinen Platz bekommt. Das Gasthaus liegt idyllisch, direkt an der kleinen Marina im Ziegeleipark. Wer mag, kann mit dem Boot oder der Museumsbahn bis fast an den Tisch fahren.

Als in Mildenberg noch Ziegel gebrannt wurden, war das Haus ein Kohlen-lager. Nach der Wende zog eine Gaststätte ein, vor sechs Jahren wechselten der Betreiber und der Name: Die Bezeichnung »Alter Hafen« haben sich Gäste aus-gedacht.

Zu Anfang lief das Geschäft schlecht, aber inzwischen strömen die Leute – die gute Küche hat sich herumgesprochen. Vor allem bodenständige Speisen wie

die gute alte Soljanka haben viele Fans. Sogar besser als früher soll sie sein, verrät uns eine Restaurantbesucherin. Das könnte daran liegen, dass im Alten Hafen keine Reste verwertet werden, sondern nur frisches Fleisch in die Suppe kommt, dazu die üblichen Zutaten, Tomatenmark, saure Gurken, Paprika, und zum Schluss noch ein kleiner Trick, der dem Ganzen den richtigen Ost-Dreh verpasst: »Noch ein Löffel Ketchup – drei, Entschuldigung. Das ist der kleine Pfiff. Lieblich, herzhaft, Werder-Ketchup sollte es sein, das kommt aus der Region und schmeckt sehr lecker«, verrät Kathleen Devantier.

Aus der Region – da ist es wieder, das Zauberwort, wenn man heutzutage erfolgreich sein will in der Gastronomie. Denn die Speisen müssen eben nicht einfach nur lecker, sondern auch nach Heimat schmecken.

Alter Hafen
Ziegelei 11
16792 Zehdenick
03307-301 870
willkommen@gasthaus-alter-hafen.de
www.gasthaus-alter-hafen.de
Öffnungszeiten: Mo–Fr 11–23 Uhr,
Sa u. So 9–23 Uhr

Capriolenhof
Schleusenhof Regow 1
16798 Fürstenberg OT Bredereiche
033087-511 83
info@capriolenhof.de
www.capriolenhof.de
Öffnungszeiten: Ab Ostern den Sommer über

Großziethen
Altes Amtshaus

Im Alten Amtshaus Groß Ziethen gibt es keine Akten mehr, heute ist es eine gute Stube für den guten Geschmack, wo exotische Küche auf Regionales trifft. André Kneiseler und Herbert Wünsch haben ihr kleines, aber sehr feines Restaurant etabliert. Das Konzept: Regionales mit internationalem Anstrich. Ein Auszug aus der Karte macht hungrig auf gebratenen Skrei unter einer Apfel-Spinathaube auf Vanille-Risotto und Rote-Beete-Chips, Damwildrücken aus dem Krämer Forst mit sautierten Steinpilzen und Kartoffelbaumkuchen. Das Rind, das bei Kneiseler in die Pfanne kommt, stammt aus dem Linumer Bruch.

Judaskirsche nennt man sie auch, Kap-Stachelbeere oder meist Physalis, hier wird sie zu Ragout, mit Frühlingszwiebeln angeschwitzt und gleich vermählt mit brandenburgischem Chicorée. Weitgereiste Exotenbeere mit bodenständigem Gemüse, ein gutes Paar, sagt André Kneiseler, genau diese Mischung, das ist sein Konzept. Das süß-bittere Duett begleitet heute Jakobsmuscheln.

Großziethen und sein Altes Amtshaus, wer hätte gedacht, dass man hier mal fürstlich speisen kann. Herbert Wünsch jedenfalls nicht, als er das Haus zum ersten Mal von innen sah: »Die Amtsräume waren da, wo jetzt die Küche ist. Es gab noch das Bürgermeisterzimmer und draußen war das Wahlzimmer. 2003 war dann aber mit dem Amtshaus als Amtshaus Schluss.« Kaum etwas ist noch so wie früher im Linumer Bruch. Auf den Weiden gleich hinterm Alten Amtshaus stehen zwar noch die Rinder, Gelbvieh, doch jetzt gekreuzt mit Limousin, und statt im dunklen Stall unter freiem Havelländer Himmel. Der Linumer

Bruch ist Naturschutzgebiet, in dem bis zu 80.000 Kraniche unterwegs sind und im Sommer viele Störche. In diesem Umfeld fällt es dem Linumer Wiesenkalb leicht, sich »eine ordentliche Keule anzufressen«, wie Jens Winter von der Hakenberger Fleisch GmbH stolz erzählt. Nur zwei Kilometer weiter reift das Fleisch vom Wiesenkalb am Haken, und zwar vier ganze Wochen lang. Erst dann ist es so trocken, dass es in der Pfanne brät, statt im eigenen Saft zu kochen, mürbe und butterweich zugleich. Viel, sagt der Küchenchef vom Amtshaus, muss man jetzt auch nicht mehr machen – so ein Filet vom Wiesenkalb, was soll da schon schiefgehen? Eine Grillpfanne hilft bei der perfekten Kruste und dann kommt er wieder: Großziethens Schuss Exotik. Das Wiesenkalb mit der Vanille- und Chilinote bekommt Gesellschaft von Shitake-Pilzen, einem Baumkuchen-Chip und Püree von der Kartoffel. Ein opulentes Kunstwerk, etwas für Festtage also, dort wo man einst zu Bürozeiten auf Großziethens Bürgermeister wartete und bestenfalls mal eine Stulle aß.

Altes Amtshaus
Alte Dorfstraße 36
16766 Kremmen OT Großziethen
033055-202 05
info@kneiseler-und-wuensch.de
www.heybis.de
Öffnungszeiten: Mi–Fr 18–22 Uhr,
Sa u. So 12–14 Uhr, 18–22 Uhr

Hakenberger Fleisch GmbH
Fehrbelliner Straße 3
16833 Fehrbellin
033922-502 59
mail@hafleg.de
www.hafleg.de
Öffnungszeiten: Do 10–15 Uhr, Fr 10–17 Uhr,
Sa 10–12 Uhr

Frisch auf den Tisch: Wer das mag, ist auf dem Gut Hesterberg genau richtig. Denn von der Weide auf den Teller alles selber machen – das ist das Motto von Familie Hesterberg auf dem gleichnamigen Gut. Nur wenige Kilometer von Neuruppin entfernt stampften die Hesterbergs das Gut quasi aus dem Acker- boden. 2001 war es nach Ideen des Vaters fertig. Das Ergebnis war dann nicht nur (ein) Gut, sondern auch schön: Gut Hesterberg wurde 2012 bei einer Um- frage der ARD zum schönsten Bauernhof Deutschlands gewählt.

Alle regionalen Produkte finden sich auf dem Gelände. Auf den Weiden leben Gallowayrinder, auf den Wiesen Gänse, Ziegen, Hühner und sogar Wild. Die Tiere haben die 1000 Hektar Land praktisch für sich allein, leben ohne Stall im Freien, fressen Kräuter und Gras. »Die sollen gut leben, natürlich auch gut essen. Aber vor allem gut leben«, sagt Karoline Hesterberg. »Aber frei im Herdenver- band. So, wie es in der Natur auch wäre.«

In der Küche lassen sich die Hofladen-Köche, wie sie sich selbst nennen, über die Schulter oder besser in den Tiegel schauen. Hier wird er kurz angeschmort: Der Roastbeefbraten. Sven Ruthert nimmt ihn für heute mit Kräuterkruste, Speckbohnen und Kartoffelgratin ins Angebot. Zuvor hat er wie jeden Tag einen Rundgang durch Kräutergarten, Weide und Kühlhaus absolviert – und fertig war die Tageskarte: »Das Besondere ist: Hier haben wir verschiedene Tiere, Rin- der, Wild. Da können wir je nach Saison, Produkte zusammenstellen, sehr ab- wechslungsreich«, so der Guts-Koch.

In der Küche kommt dann dazu, was der Kräutergarten hergibt: »Unsere Kräuterkruste besteht aus Senf, Butter, Semmelbröseln, Thymian, Rosmarin und einer Prise Salz. Die soll unserem Roastbeef das gewisse Etwas zaubern. Natürlich auch eine krosse und würzige Kruste.«

Im Hofladen-Restaurant, eingerahmt von Küche und Wursttheke, warten die Gäste. Aus vier Gerichten können sie wählen. Viele von ihnen flanieren erst über das Gutsgelände, dann wollen sie kosten, was hier wächst und entsteht. Die auf dem Hof hergestellten Fleisch- und Wurstprodukte sind auf jeden Fall schon sehr gefragt. Sie werden inzwischen in fünf Filialen in Berlin und Brandenburg und sogar in einigen Supermärkten der Region angeboten.

Nach rund einer Stunde wird der fertiggebackene Roastbeefbraten angerichtet und serviert. Gut essen und gut leben – auch das ein Motto der Hesterbergs.

Gut Hesterberg
Gutsallee 1
16818 Neuruppin-Lichtenberg
03391-700 60
info@guthesterberg.de
www.guthesterberg.de
Öffnungszeiten: Di–So 11–18 Uhr

Heute geht es nach Kremmen, ins Restaurant Coldehörn. Der Name kommt aus dem Plattdeutschen und bedeutet Kalte Ecke. Das Coldehörn hat zwar eine Karte, aber die wird oft gar nicht gebraucht, denn hier darf sich der Gast etwas wünschen und der Küchenchefs macht's möglich.

Die Trüffelgnocci in Steinpilzbrühe zum Beispiel hat Norbert Stolley auf Wunsch eines Stammkunden gekocht – im Coldhörn eher die Regel als die Ausnahme. Die individuellen Bedürfnisse der Gäste werden hier großgeschrieben. Zusammen mit Ehefrau Charlotte hat Norbert Stolley eine alte Scheune zum Erlebnisrestaurant ausgebaut, mit Livemusik, rustikaler Wohnzimmeratmosphäre und eben der maßgeschneiderten, täglich wechselnden Speisekarte.

Vor sieben Jahren hat es den gebürtigen Hamburger ins Scheunenviertel von Kremmen verschlagen. Auf Motorradtouren quer durch Europa hat er seine Liebe zur südtiroler Küche entdeckt. Heute kocht er allerdings eher rheinisch – mit Hirsch aus Brandenburg: »Hirsch wird ja in allen möglichen Zubereitungsarten hergestellt, als Medaillon, als Braten, als Rouladen. Ich habe einfach mal versucht, einen Sauerbraten daraus zu machen.« Dafür hat er das Fleisch fünf Tage lang in Rotwein und Balsamico-Essig mariniert und schmort es zusammen mit der Marinade, Gemüse und Gewürzen. Ein spannendes Experiment, auch weil das Fleisch nicht von einem gewöhnlichen Hirsch stammt: »Der Sika-Hirsch ist ein Produkt, das in der Region aufgezogen wird. Er hat sehr trockenes Fleisch und eignet sich ganz hervorragend zum Braten.«

Der Sika-Hirsch stammt ursprünglich aus Ostasien, seit über hundert Jahren ist er auch in Deutschland heimisch, unter anderem im Wildtierpark von Ralf Hewelke. Weil die Herde so schnell wächst, verkauft er immer wieder mal Tiere an die örtlichen Restaurants. Hewelke erzählt, wie er zu seiner Zucht kam: »Ein befreundeter Tierpark hatte die Situation, dass Hirsche rausgeschossen werden mussten. Meine Tochter war damals vier Jahre alt und hat gesagt: ›Papa, der soll nicht erschossen werden.‹ Dann haben wir den mitgenommen, so fing alles an. Und jetzt sind wir so weit, dass wir selbst rausschießen.«

Norbert Stolley freut sich drüber, denn er richtet das besonders zarte Fleisch mit Rotkohlstrudel, Bratapfel und Semmel-Kartoffelkloß an. Eine Kreation, die wenig mit dem traditionellen rheinischen Sauerbraten gemeinsam hat, aber bei seinen verwöhnten Stammgästen gut ankommt.

Möglicherweise wünschen sich die Gäste ja beim nächsten Mal auch wieder den Sauerbraten vom Sika-Hirsch. Wünsche, die im Coldehörn nach Möglichkeit erfüllt werden.

Coldehörn
Scheunenweg 30
16766 Kremmen
033055-200 04 oder 0172-305 44 40
coldehoern@t-online.de
www.coldehoern.de
Öffnungszeiten: Mo, So–Sa 16–22 Uhr, So 13–18 Uhr

Im Storchendorf Linum kommt Adebar selbstverständlich nicht auf den Tisch, doch er sorgt für genügend Kundschaft. Auswärtige kommen aber zunehmend auch wegen der feinen Küche im Kleinen Haus nach Linum. Frank Buthmann, der früher Koch im Sternerestaurant Vau in Berlin war, hat sich hier im Ruppiner Land einen Lebenstraum erfüllt. Er kocht fast nur mit Produkten aus der Umgebung und hat dabei auch eine fast vergessene Schweinerasse aufgetan, die im fünf Kilometer entfernten Nachbardorf gezüchtet wird: die Mangalitza-Schweine, eine Woll-Schwein-Rasse, deren Aufzucht mühsam ist, weshalb sie schon nahezu ausgestorben war.

Auf dem Hof von Norbert Weißbach bekommen die Mangalitza-Schweine jede Menge Auslauf, fast zwei Jahre Zeit zum Wachsen und täglich frisches Gemüse vom eigenen Hof. »Das Fleisch schmeckt hervorragend«, verrät uns Weißbach. »Dadurch, dass die Tiere ihren Speck langsam über die vielen Monate, die sie leben, anwachsen lassen, wird das Fleisch nicht trocken und ist sehr appetitlich.« Frank Buthmann ist ebenfalls überzeugt davon und gehört deshalb zu Weißbachs guten Kunden. Der 39-Jährige kommt regelmäßig, um zu gucken, wie sich seine Braten von morgen entwickeln: »Von den Mangalitzern nehme ich immer ein halbes Schwein und verarbeite eigentlich alles – inklusive Kopf, Nieren, Flomen, alles was dazu gehört.«

Es ist leicht gehobene Küche, was im Kleinen Haus auf den Teller kommt. Buthmann formuliert seinen Anspruch so: »Ich habe eine schnitzelfreie Zone

hier drinnen. Ich versuche die Produkte immer so einfach wie möglich zu verarbeiten und so geschmackvoll wie möglich. So, dass man möglichst zwei Komponenten auf dem Teller hat, vielleicht drei. Aber das sollte reichen.« Etwa beim Klassiker »Rücken vom Mangalitza-Schwein mit Röstkartoffeln und Brandenburger Baked Beans«. Die »Baked Beans« sind eine Eigenkreation, für die gelbe und grüne Bohnen, Zwiebeln, Knoblauch, Tomaten, Butter und ein paar Kräuter erst angebraten und dann eine Stunde lang im Ofen geschmort werden. Der Schweinerücken braucht dagegen nur ein paar Minuten – ganz ohne Bratenfett, das bringt er selbst mit, genauso wie seinen guten Geschmack, der es erlaubt, auf Gewürze völlig zu verzichten. Nicht mal Salz kommt aufs Fleisch.

Im Kleinen Haus können die Gäste übrigens nicht nur à la carte essen, es gibt auch Kaffee und Kuchen, was viele Berliner, die zum Nachmittagsausflug herkommen, dankbar annehmen. Aufgrund der großen Nachfrage empfiehlt es sich daher – besonders zur Storchensaison – einen Tisch zu reservieren!

Kleines Haus
Nauener Straße 58
16833 Linum
033922-908 55
info@kleineshaus-linum.de
www.kleineshaus-linum.de
Öffnungszeiten: Mi u. Do 11–18 Uhr, Fr–So 11–21 Uhr,
ab 10 Personen auch außerhalb der Öffnungszeiten

Gut Ogrosen mit Hofladen
Ogrosener Dorfstraße 35
03226 Vetschau/Spreewald
035436-218
info@gut-ogrosen.de
www.gut-ogrosen.de
Öffnungszeiten: Di 15–18 Uhr,
Fr 9–18 Uhr u. Sa 9–14 Uhr

Die Märkischen Höfe in Netzeband bringen Südtirol nach Brandenburg. Hier kocht der Italiener Demis Alloro, dessen Nachname auf Deutsch Lorbeer heißt und ihm die Liebe zu Gewürzen wohl schon in die Wiege gelegt hat. Nun verarbeitet er regionale Produkte nach den unschlagbaren Rezepten seiner ligurischen Mutter, die ihm manchmal noch über die Schulter schaut, zu Leckereien. Die Speisekarte ist genauso frisch und abwechslungsreich wie das Essen, jeden Tag wird das Angebot neu zusammengestellt.

Netzeband, die Märkischen Höfe, das Landleben: Demis Alloro ist all dem erlegen. Als wir ihn besuchen, kocht er erst seit acht Wochen in den Märkischen Höfen – und er hat sich fest vorgenommen, in Brandenburg Wurzeln zu schlagen. Was er als Koch hier besonders liebt, sind die Natur und der Luxus, im Garten zu finden, was er für seine Gerichte braucht. Und so werden in Netzeband märkische Gewächse mit italienischem Charme verwoben. Heute gibt es Tagliatelle mit Brennnesseln – nach altem Familienrezept.

Schon als kleiner Junge hat Demis Alloro mit seiner Mutter Brennnesseln geerntet. Dann wurde er Koch. Und seitdem stellt sich die Frage: Wer kann's eigentlich besser? »La mama!«, ruft Alloro ohne zu zögern. »No, no!«, wehrt die Italienerin ab, so wie der Sohn könne sie nicht kochen. Dabei habe früher immer er bei ihr in der Küche gestanden und zugeschaut.

Was er bei Muttern gelernt hat, hat Demis Alloro als Schiffskoch verfeinert. Zuletzt an der Côte d'Azur, als Privatkoch für den Jet-Set. Jetzt, mit 33, will er

wieder festen Boden unter den Füßen haben. Während Alloro erzählt, kostet die Mutter – und ist begeistert! »Amore. Die Liebe«, verrät sie das Geheimnis, das so einfach klingt und so unverwechselbar gut schmeckt. Aber da muss doch trotzdem mehr dran sein als Brennnesseln, oder nicht? »Die Brennnesseln geben die schöne Farbe. Und jetzt noch ein bisschen Parmesan dazu, dann ist es perfekt«, erklärt Restaurant-Chefin Martina Untersteiner, die selbst Wahl-Italo-Brandenburgerin ist und den alten Bauernhof zum Landhotel gemacht hat. Schwer sei es ihr nicht gefallen, als sie aus der Nähe von Meran nach Netzeband kam und Südtirol gegen die Mark tauschte. »Wir haben in Südtirol schon öfter probiert, ähnliche Projekte zu machen. Da war aber immer alles sehr schwer. In Brandenburg war plötzlich alles ganz einfach. Hier hat man scheinbar auf uns gewartet.« Es folgen noch ein paar Regieanweisungen an den Koch und fertig ist die märkisch-ligurisch-südtiroler Liaison: »Brennnesseltagliatelle an Salbeibutter.«

Märkische Höfe
Dorfstraße 7 und 11
16818 Netzeband
033924-89 80
info@maerkischehoefe.com
www.maerkischehoefe.com
Öffnungszeiten: täglich 8–11 Uhr u. 12–23 Uhr

Unser Weg führt uns heute nach Fürstenberg in die Mühle Tornow. Die Mühlen-Ruine wurde von Familie Schneider mit viel Liebe zum Detail in Eigenregie und denkmalgerecht wieder aufgepäppelt. Heute sind in der Mühle Gästezimmer, ein Restaurant und ein Hofladen mit vielen Waren aus der Nachbarschaft beheimatet. Die Mühle wurde 1873 errichtet, in Betrieb war sie bis zur Wende. Heute ist sie ein offenes Denkmal. Christian Schneider, Koch und Geschäftsführer, hängt an dem selbst sanierten Gebäude: »Wir wollen auf jeden Fall die Region wieder nach vorne bringen. Das ist unser Antrieb und die Mühle als Objekt ist eine schöne Sache. Man hat das offene Denkmal – das kann man sich anschauen, genauso das Restaurant, den Hofladen und den Sommergarten.«

Direkt am Wentowsee gelegen, ist die Mühle Tornow ein guter Startplatz für Wanderungen und Ausflüge. Und wer hungrig ist, findet hier bestimmt etwas Leckeres. Wir besuchen Christian Schneider an seinem Lieblingsort, in der Küche. Lavendel, Basilikum oder Dill – frische Kräuter sind in den Gerichten von Schneider ein Muss. Eine deutsche Küche, sagt der 31-jährige Koch, die weltoffen ist. Wenn er von dem Aroma der Kräuter spricht, kann er seine Begeisterung schwer verbergen: »Kräuter haben sehr viele ätherische Öle. Wenn man sie erst ganz zum Schluss ans Essen gibt, dann kommt ein schönes Aroma raus. Das finde ich ganz wichtig. Wir haben dafür extra einen Kräutergarten, aus dem wir in der Saison die Kräuter nehmen.« Heute steht Zanderfilet auf der Speisekarte, frisch aus den Havelseen. Je nach Saison wechselt das Angebot im Mühlenres-

taurant. Der Zander schwamm am Morgen noch im Stolpsee bei Himmelpfort. Die Fischer Oliver Naatz und Mathias Winkler waren schon früh draußen. Die oberhavelländische Seenfischerei fängt hier neben Zander auch Barsch, Hecht oder Aal. Kälte oder Nässe, ein Fischer muss einiges aushalten können. Auch dann, wenn sich in den Reusen oder Netzen nicht der erhoffte Fang findet. Mathias von der Seenfischerei Himmelpfort stört dieser Moment aber nicht weiter: »Das ist einfach Leidenschaft. Fischerei, das ist was Schönes. Das ist nicht zum Reichwerden, aber eben Freiheit.«

In das Geschäft der Seenfischerei kommen regelmäßig Urlauber und Anwohner, um sich mit brandenburgischem Fisch einzudecken: im Ofen geräuchert oder fangfrisch und roh. Auch Christian Schneider kommt dreimal in der Woche hierher. Drei Zander hat er sich diesmal ausgesucht. Gleich vor Ort lässt er sie schuppen und filetieren. Angebraten und gegrillt, mit frischem Gemüse und natürlich den Kräutern angemacht, geht es dann zu den Gästen.

Mühle Tornow
Neue Straße 1
16798 Fürstenberg/Havel OT Tornow
33080-404 850
info@muehle-tornow.de
www.muehle-tornow.de
Öffnungszeiten Küche: Küche Di–So 11–21.30 Uhr,
Juli–Sept. und feiertags auch Mo

Wo sich heute die Orangerie im Schlosshotel Ziethen befindet, wurden schon die Familie des legendären Fürsten von Blücher und die von Bülows bekocht – samt Vicco von Bülow, alias Loriot, dessen Familie hier lebte. Ob er sich jemals an die Knollen der hier hochgeschätzten Topinambur wagte, ist nicht überliefert.

Seit rund sieben Jahren nimmt Bauer Georg Rixmann die Einsamkeit auf den Feldern für die Topinambur in Kauf, auf deren Anbau er sichtlich stolz ist: »Topinambur war ja ganz lange Zeit unbekannt, dabei ist es in Europa eine ganz alte Pflanze. Die ist mit den ersten Seefahrern aus Nordamerika importiert worden. Zu Anfang war das in Paris eine Pflanze, die am Königshaus auf die Tafel kam und ganz modern war.«

Vom brandenburgischen Acker in die glanzvollen Häuser – so sieht auch die Reise von Rixmanns Knollen aus, denn geliefert wird ins Schloss Ziethen bei Kremmen. Hier wartet schon der Restaurantchef der Orangerie Carsten Obermayr. Nach Stationen auf Mallorca, Ibiza und in Berlin hat er seinen Traumjob im Schloss gefunden und vor allem eine große Herausforderung: »Ich glaube, die brandenburgische Küche steht im Ruf, eine schwere Küche zu sein, obwohl sie das nicht sein muss. Ich werde hier meine Erfahrungen aus Spanien, aus dieser mediterranen Küche, wo es um Leichtigkeit geht, Essen auch Lebensfreude ist, einbringen.« Und so arbeitet er auch am Comeback der fast vergessenen Topinambur.

Besonderen Wert legt er auf regionale Produkte: »Meine Freude, die habe ich daran, dass ich diese Dinge, die hier in der Region heimisch sind, die es hier immer gegeben hat, aufgreife, sie zu einer modernen Küche veredle, anstatt Sachen von weit herzuholen.« Daher wird aus der brandenburgischen Topinambur heute ein italienisches Risotto.

Obermayrs neuer Arbeitsplatz hat eine lange und bewegte Geschichte. Das im 14. Jahrhundert erbaute Gewölbe soll im Dreißigjährigen Krieg fast komplett zerstört worden sein. Geblieben sind nur Teile der Küche, weswegen sie heute auch als die älteste Küche Brandenburgs gilt. Herrin des Hauses, Edith Freifrau von Thüngen, ist auf einen historischen Teil der Küche besonders stolz: auf das Schinkeltreppchen, das nun in der Bibliothek des Hauses steht. Eine Köchin, die besonders gute Saucen machte, aber nicht wollte, dass jemand ihre Rezepte erfuhr, sei immer die Treppe heraufgestiegen und habe dort oben ihre Zutaten gemischt. Solche Schlossgeschichten, aber auch die modernen Einflüsse machen die besondere Atmosphäre des Hauses aus.

Orangerie
Alte Dorfstraße 33
16766 Kremmen OT Großziethen
033055-950
info@schlossziethen.de
www.schlossziethen.de
Öffnungszeiten: täglich 12–24 Uhr

Schloss & Gut Liebenberg

Der Ausflug nach Schloss & Gut Liebenberg im Löwenberger Land birgt eine große Überraschung: die Müritz-Forellenmousse mit Apfel-Pfeffer-kompott. Der Ort, an dem die Mousse serviert wird, sieht imposant aus und lädt mit seinem großen Areal ein zum Verdauungsspaziergang nach dem Schlemmen. Aus fangfrischen Fischen zaubert der Koch das raffinierte Räucherforellengericht. Zunächst zerlegt der stellvertretende Küchenchef Sören Timm die geräucherte Forelle, im sogenannten Kutter wird der Fisch mit Dill und einem Fond vermischt. Dann kommt der eigentliche Pfiff: In warmer Sahne wird Gelatine aufgelöst und geschlagene Sahne unter die Forellen-Masse gehoben – eine Mousse, nicht süß, sondern deftig. Das Küchenteam setzt auf gewöhnliche Produkte in einer außergewöhnlichen Form. Der Koch erklärt, was ihn an dieser Zubereitungsart reizt: »Die Einfachheit ist eigentlich das Besondere daran. Dass man ein natürliches Produkt hat, mit dem man dem Ganzen einen gewissen Pepp gibt. Das Produkt so schnell wie möglich auf den Tisch zu bekommen, um die Frische zu erhalten, das ist eigentlich das Schönste an meinem Beruf.«

Ganz frisch kommt auch der Fisch in die Küche, vom Forellenhof in Nassenheide, nur zehn Kilometer vom Schloss entfernt. Rüdiger Olschewski führt dort das Angel-Zepter. In sieben Becken gedeihen Lachs- und Regenbogenforellen, aber auch Störe und Karpfen. Hier kann sich jeder seinen eigenen Fisch angeln, auch ohne Angelschein.

Am Schlosshof bekommen die Forellen im warmen Buchenrauch ihre Räucherwürze. Hoch oben in seinem Nest auf dem Schornstein passt Kalif Storch auf. Und er hat eine Menge zu beobachten, denn das Areal von Schloss & Gut Liebenberg ist 1500 Hektar groß. Angeschlossen ist ein Jagdrevier, auch das Wild hat hier einen sehr kurzen Weg in die Küche. Das Denkmal ist über 800 Jahre alt und hatte viele Hausherren. Eine besonders schillernde Persönlichkeit, erzählt uns Andreas Telm vom Schloss Liebenberg, war Philipp von Eulenburg, der trotz seiner zwölf Jahre Altersunterschied zu Kaiser Wilhelm II. als dessen persönlicher Freund und Berater einen nicht unwesentlichen Einfluss auf die Politik nahm. Im Rahmen einer Bauphase habe er auch das heutige Aussehen des Schlosses maßgeblich durch seine Kreativität geprägt. Das Schloss Liebenberg ist übrigens das größte Integrationsunternehmen Brandenburgs, hier arbeiten 160 Mitarbeiter mit und ohne Beeinträchtigung Hand in Hand. Und Sören Timm sagt: Selbst beim Arbeiten ist es für ihn immer ein Stück Erholung, wenn er in Liebenberg ist …

Schloss & Gut Liebenberg
Parkweg 1
16775 Löwenberger Land OT Liebenberg
033094-700 500
hotel@schloss-liebenberg.de
www.schloss-liebenberg.de
Öffnungszeiten: täglich 11.30–22 Uhr

Forellenhof Nassenheide
Birkhorst 10
16775 Löwenberger Land OT Nassenheide
0160-844 17 64
admin@regenbogenforellenhof-nassenheide.de
www.regenbogenforellenhof-nassenheide.de
Öffnungszeiten: Mo–So 8–17 Uhr

Unser Weg führt uns nach Meseberg bei Gransee, es wird exklusiv. 150 Einwohner nur, aber weltweit bekannt, denn Staatsgäste aus aller Welt haben hier schon Kost und Logis genossen. Hier steht das Gästehaus der Bundesregierung, das im Schloss direkt am Huwenowsee untergebracht ist, in dem die Kanzlerin auf die Mächtigen dieser Welt trifft.

Nur einen Steinwurf vom Schloss entfernt liegt das Restaurant Schlosswirt. Hier soll es heute Fisch geben und wir begleiten den Inhaber des Restaurants, Bert Groche, zur Fischzuchtanlage. Eigentlich ist er ein Relikt vergangener Tage, aber für den Fischereimeister Andreas Hoesl bedeutet der Stör die Zukunft. Seit seinem 14. Lebensjahr arbeitet er auf der Fischzuchtanlage in Zippelsförde bei Neuruppin. Früher wurden hier nur Forellen gehalten, seit der Wende setzt man auch auf Störe. Früher habe es in Oder, Elbe und Havel viele Störe gegeben, aber mit der Industrialisierung seien die alle ausgestorben, erzählt Hoesl. Seit 2011 werden in Zippelsförde nun die Urzeitfische gezüchtet. Auf lange Sicht geht es natürlich um den begehrten Kaviar, aber so weit ist es noch nicht. Und schließlich ist auch das Fleisch etwas ganz Besonderes. Deshalb ist auch Bert Groche gekommen, denn in seinem Restaurant im nahen Meseberg hat er den Stör im Angebot, der schon in einer Stunde auf den Tellern der Gäste angerichtet sein soll.

Küchenchef Karsten Krause wird daraus gedünsteten Stör auf Rahmblattspinat mit Salzkartoffeln zaubern. Für uns ist es Zeit, einen Blick in den gediege-

nen Gastraum zu werfen, der ebenso offen für Ausflügler wie für Diplomaten nach Dienstschluss im Schloss ist. Auch die Bundeskanzlerin war schon ein paar Mal da. Auf der Karte steht feine gutbürgerliche Küche, in der auch Wild nicht fehlen darf, wie Groche erzählt: »Da wir eine eigene Jagd haben, kommt hier auch der Meseberger Wildbraten auf dem Tisch entweder vom Wildschwein oder vom Damwild.«

Wir schauen wieder dem Koch über die Schulter, der dem Fisch gerade ein Bett aus Zitronen verpasst, abgerundet mit Weißwein, Salz und etwas Dill. Dann geht es in den Ofen. Der Spinat wandert zusammen mit Knoblauch, Muskat und Sahne zu den angeschwitzten Zwiebeln in die Pfanne. Knoblauch und Muskat sind wichtige Geschmacksgeber für den Spinat, verrät Karten Krause.

Nach nur sieben Minuten sind Fisch und Gemüse fertig. Voilà: Gedünsteter Stör auf Rahmblattspinat mit Salzkartoffeln. Zum Nachtisch gibt es warmen Apfelstrudel oder Stollen – beides natürlich hausgemacht. Allein deswegen kommen viele Gäste in den Schlosswirt nach Meseberg.

Schlosswirt
Meseberger Dorfstraße 27
16775 Meseberg
03306-204 670
info@schlosswirt-meseberg.de
www.schlosswirt-meseberg.de
Öffnungszeiten: täglich 11–24 Uhr

Seehof

Schloss und See in Rheinsberg gehören zu den schönsten Plätzen in Brandenburg, Urlauber schätzen die saubere Luft. Und das Wasser? Das ist mindestens
genauso rein, und so ist der Grienericksee für Fischermeister Wolfgang Eilke ein
ideales Revier. Er fängt hier seit 35 Jahren Hechte, Barsche, Aale und – ganz selten – auch Welse: »So viele Welse gibt es hier nicht. Sie kommen auch vor, sind
aber eher Fische, die in den Flussmündungen vorkommen. Im Kaspischen Meer
sind sie sehr typisch.«

Vom Käscher zum Küchenmesser ist es für das Tier nur ein kurzer Weg. Im
Seehof gleich nebenan wird er von Küchenchef Daniel Pfeiffer filetiert, der zufrieden ist mit seiner Ware: »Schönes, helles, festes Fleisch. Ich werde gleich noch
die Haut runternehmen, weil die sehr ledrig ist und nicht unbedingt zum Mites-
sen gedacht ist.«

Gewürzt mit schwarzem Pfeffer, Koriander, Paprika und Meersalz kommen
die Filets für zwanzig Minuten bei sechzig Grad mit Buchen-Räuchermehl in
den Räucherofen. Wir nutzen die Zeit, um uns ein wenig umzusehen. Neben
120 Plätzen in Restaurant und Hofgarten bietet der Seehof in elf Zimmern Platz
für zwanzig Gäste, die nach einem schönen Urlaubstag noch nicht nach Hause
möchten.

Erbaut wurde der Seehof um 1750, und den Stil von damals kann man noch
spüren, zum Beispiel in dem Raum, der heute der Weinkeller ist. Daniel Pfeiffer
erzählt ein wenig von der Geschichte des Gebäudes: »Früher war das ja kein

Hotel, sondern ein Ackerbürgerhaus. Für die Kühlschränke hat man Eisblöcke gebraucht und dafür hat man diesen Raum hier genutzt.«

Nach zwanzig Minuten ist der Wels gar. Jetzt muss es schnell gehen mit den Beilagen. Eine Sauce hollandaise mit Spargel, natürlich ebenfalls aus der Nachbarschaft, genau gesagt aus dem rund zehn Kilometer entfernten Zechlin. Das Schälen übernimmt der Chef selbst: »Spargelschälen ist nicht einfach und das ist so ein Tick aus meiner Lehre, mein Küchenchef hat das auch selbst gemacht.«

Gelernt hat der Neustrelitzer unter anderem in St. Moritz und Gstaad. Mit 27 Jahren hat Daniel Pfeiffer dann das Restaurant Seehof gepachtet, das war 2003. Heute beschäftigt er elf Mitarbeiter, die allesamt hinter der besonderen Küche stehen. Gerne verbindet Pfeiffer die brandenburgische Küche mit einem frischen mediterranen Einschlag. So kommen bei ihm auch Ravioli und Gnocchi auf die Teller oder – wie heute – Rosmarinkartoffeln zu Spargel und Wels. Dazu gibt es noch Cheritastomaten und natürlich die schaumig geschlagene Sauce hollandaise.

Seehof
Seestraße 18
16831 Rheinsberg
033931-40 30
info@seehof-rheinsberg.de
www.seehof-rheinsberg.de
Öffnungszeiten: Mo–Sa 12–15 Uhr, 18–22 Uhr

Kremmen
See Lodge

Unser Hunger führt uns an den Kremmener See, in das Restaurant See Lodge, das in gut einer halben Stunde von Berlin aus zu erreichen ist. Auf 64 Pfählen ist das Gasthaus in den See gebaut, umgeben von Schilf und Wasser, ab und zu lässt sich ein Reiher blicken. Schon in den 1930er-Jahren gab es hier einen Badebetrieb mit Bungalow. Heute liegt die See Lodge allein mitten in der Natur, lädt dazu ein, Vögel zu beobachten oder einfach auszuspannen. Auch für Angler hält die See Lodge eine Besonderheit bereit: Wer seinen selbst gefangenen Fisch in die Küche bringt, kann ihn für das sogenannte »Hakengeld« zubereiten lassen. Außen wie innen erinnert das Haus an eine kanadische Lodge, ein ländliches Gästehaus.

Im Restaurant wird fast ausschließlich Regionales aufgetischt: von der Seddiner Landente bis zum Havelländer Apfelschwein. Oder eben, weil wir Kremmen unseren Besuch kurz vor Ostern abstatten, das Ruppiner Weidelamm. Lamm zu Ostern, ganz klassisch – oder eben auch nicht. Denn der Lammrücken von Küchenchef René Donat bekommt eine Haselnuss-Kaffee-Kruste, dazu gibt es eine Rotwein-Schokoladen-Sauce, Süßkartoffelpüree und glasierte weiße Bohnen. Donat ist einer von neun Köchen, die sich im Netzwerk »Brandenburg unter Dampf« für eine gute brandenburgische Küche einsetzen, und das als Spitzenköche.

Auf der Karte finden sich viele Gerichte mit Fleisch aus der Region. Dabei geht es nicht nur um die Qualität und die Frische der verarbeiteten Produkte,

sondern auch darum, die Anbieter aus der Region und die Produktionsstätten, die Bauern und Landwirte in der Nähe ins Geschäft einzubeziehen, um die brandenburgische Küche voranzubringen.

Die Lämmer, die in der See Lodge auf die Teller kommen, weiden nur zwanzig Kilometer entfernt. Im Rhinluch stehen sie das ganze Jahr über an der frischen Luft. Dem Schäfer und dem Chef des Schlachtbetriebs vor Ort ist es wichtig, dass sich diese Idylle am Schluss auch im Geschmack des Fleisches wiederfindet.

In der See Lodge ist inzwischen die Kruste für das Lamm gebacken, Bohnen und Süßkartoffeln sind auch fertig. Am Samstag wird es hier ein Stakkato-Menü der Spitzenköche von »Brandenburg unter Dampf« geben, sechs Köche kochen jeweils zwei Gerichte, darunter auch mehrere mit dem Ruppiner Weidelamm. Die See Lodge zeigt, dass auch Lamm mit Süßkartoffeln und Schokoladensauce das sein kann, was Köche wie René Donat voranbringen wollen: gute brandenburgische Küche.

See Lodge
Zum See 4a
16766 Kremmen
033055-220 80
info@seelodge.de
www.seelodge.de
Öffnungszeiten: Nebensaison 3. Okt.–26. Dez. u. 4.–13. April Fr u. Sa 12–20 Uhr,
So 10–18 Uhr, Hauptsaison 20. März–2. Okt. u. ab 16. April täglich 12–22 Uhr

Wir machen uns auf in das Mühlenbecker Land, zu einem ganz besonderen Ereignis. Im Restaurant Zum Goldenen Hahn stehen an diesem Wochenende Pferderouladen auf der Speisekarte. Für die Füllung muss es natürlich die Spreewälder sein, eine andere Gurke kommt Koch Gerhard Damerow nicht in die Küche. Aber das Allerwichtigste ist das Fleisch für die Pferderoulade. Das kauft er in der Roßschlächterei Plaumann in Prenzlau. Hier bekommt er das Fleisch genau so geschnitten, wie er es gerne möchte. Auch die Pferdeknacker, die er mit in die Roulade wickelt, stammen natürlich von hier.

Bei Plaumanns werden schon seit über sechzig Jahren Pferde geschlachtet, mittlerweile in dritter Generation. Frank Plaumann ist aber nicht nur Rossschlächter, sondern auch Züchter und Pferdesportler. Er legt allergrößten Wert darauf, nicht als böser Ponymörder gesehen zu werden: »Wenn ich mit einem Tier nicht artgerecht umgehe, das heißt die Tiere in Aufregung versetze, dann beeinträchtigt das auch die Fleischqualität. Tiere, die vor der Schlachtung Stress haben, schütten Stresshormone ins Fleisch aus. Das sind alles Sachen, die man auch beachten muss.« Die Roulade wird aus der Keule, dem größten zusammenhängenden Stück Fleisch am Pferd geschnitten. Die Keule selbst ist relativ fettarm. Frank Plaumann kennt seine Ware genauestens: »Dieses Fleisch hier stammt von einer Mecklenburger Warmblutstute, die sich im Sport eine Verletzung im Gelenk zugezogen hat und seitdem lahm gegangen ist. Die ist nicht mehr lauffähig geworden, über ein Jahr schon. Das Pferd war zwölf Jahre alt, in

sehr gutem Futterzustand und das ist schon Material, woraus man eine sehr gute Roulade produzieren kann.«

Zurück im Goldenen Hahn in Mühlenbeck schauen wir dem Koch bei seinen Vorbereitungen zu. 250 Gramm wiegt das Stück Fleisch, in das Gerhard Damerow nun die klassischen Zutaten, aber auch die Pferdeknacker rollt. Seine Experimentierlust hat ihn auf diese Idee gebracht: »Ich probiere immer mal wieder was anderes aus, wat nich alltäglich is. Und dadurch bin ich druff gekommen: Mensch, probierste mal mit de Knacker drinne. Aber wenn Pferderoulade, dann auch Pferdeknacker, weil die Pferdeknacker nicht so fett ist wie andere, wie Schweineknacker zum Beispiel.«

Und dann geht es ab in den Konvektomat. Drei Stunden garen die Rouladen nun vor sich hin. Im Goldenen Hahn erwartet niemand Haute cuisine, aber wenn es den gut gefüllten Teller mit Klößen und Rotkohl gibt, dann ist die Gaststätte voll. Freunde des Pferdefleisches müssen sich aber gedulden, denn die besonderen Rouladen gibt es hier nur zweimal im Jahr.

Zum Goldenen Hahn
Schönfließer Straße 6
16567 Mühlenbeck
033056-231 067
info@restaurantmuehlenbeckerland.de
www.restaurantmuehlenbeckerland.de
Öffnungszeiten: Mi–So 12–22 Uhr

Roßschlächterei Plaumann
Kietzstraße 27
17291 Prenzlau
03984-26 28
plaumann-frank@t-online.de
xn--roschlchterei-plaumann-r1b8j.de
Öffnungszeiten: Mo–Fr 8–18 Uhr

In Oranienburg passt alles zusammen: Ein Koch mit dem schönen Namen Vogelgesang, ein Restaurant mit dem Namen Taubenschlag – und auf dem Teller: Variationen von derselben, also von der Taube. Sie ist die Ratte der Lüfte – das denken zumindest viele Großstädter über Tauben. Der Koch aus dem Restaurant Zum Taubenschlag hat eine ganz andere Meinung. Er züchtet seit seiner Kindheit Brieftauben, aber in seinem Restaurant in Germendorf bereitet er auch die verschiedensten Speisen aus Tauben zu. Aber will überhaupt jemand Tauben essen? Ein Besuch im Gasthaus versichert uns: natürlich!

Ivo Vogelgesang zeigt uns den Taubenschlag und präsentiert stolz den winzigen Nachwuchs: »Grad sind zwei Junge geschlüpft. Zwei Tage alt. In vierzehn Tagen sind die schon sieben oder acht Mal so groß.« Die Vorbehalte gegenüber Tauben kennt Vogelgesang: »Sie fressen alles, sehen ja auch schlimm aus in der Stadt, wenn die Zehen abgefroren sind oder wenn sie von einer Ratte abgefressen wurden. Das ist hier natürlich nicht der Fall.« Der 51-Jährige hegt und pflegt seine Brieftauben, schließlich sollen sie nach jedem Ausflug zurückkommen. Bei Kennern gilt Taubenfleisch als Delikatesse, in Vogelgesangs Restaurant steht es gleich mehrfach auf der Speisekarte. Der Koch erzählt: »Taube ist eigentlich sehr vielseitig. Sie können Sülze draus machen. Aber dafür ist das Fleisch eigentlich zu edel. Räuchern ist sehr lecker, als Schinken. Schmoren, kochen … Frikassee können Sie daraus machen. Die Taube hat dunkles Fleisch, was viele nicht wissen, das sieht dann natürlich anders aus als ein Hühnerfrikassee.«

Heute gibt es gebratene Taube mit Esskastanien und geschmorten Äpfeln im Taubenschlag. Für den richtigen Geschmack sorgen Roséwein, Ingwer und Vanille. Die Dekoration stammt aus dem eigenen Garten. Der Küchenchef kommt ins Schwärmen: »Hier haben wir das Brustfleisch. Das ist der größte Teil an der Taube. Die meisten Leute denken, dass sie davon nicht satt werden. Aber es ist genug.«

Gebratene Taube steht dauerhaft auf der Karte. Wer allerdings ein 4-Gänge-Menü mit Tauben in jeglicher Variation probieren möchte, sollte zwei Tage vorher bestellen. Kreativ nennt der Taubenschlag seine Küche und das trifft wohl auch auf die Einrichtung des Restaurants zu. Kindheitsfotos, Spielzeug und Urkunden von den Großeltern, jeder Gegenstand hat hier seine Geschichte. Sammeln, Kochen und natürlich die Tauben. Ivo Vogelgesang hat seine drei Leidenschaften in einem Restaurant vereint.

Zum Taubenschlag
Hohenbrucher Straße 2
16515 Oranienburg
03301-531 732
zumtaubenschlag@googlemail.com
www.restaurant-zum-taubenschlag.de
Öffnungszeiten: Di–Fr 11.30–14 Uhr
u. 17–21.30 Uhr, Sa 11.30–22 Uhr,
So 11.30–21.30 Uhr

Boltenhof
Zur Goldenen Gans

In der Nähe von Fürstenberg/Havel wurde in den 1880er-Jahren das Gut Boltenhof, das heutige Restaurant Zur Goldenen Gans, errichtet. Unter den wechselnden Besitzern war auch der Kommerzienrat Julius Bolle, Gründer der bis heute
bekannten gleichnamigen Meiereien. Etwas abseits gelegen, drohte das Gutshaus
nach der Wende zu verfallen, doch nach und nach erwachte es wieder zu neuem
Leben. Wir folgen einer Schar von Gänsen, die uns den Weg zum alten Guthaus
weisen.

Wo ein Koch den Vornamen Jacques trägt, wird aus einer Gans gern Rillette
oder eine Pastete, serviert mit Zwiebelmarmelade, oder, eine Spezialität des
Hauses, eine Galantine. Küchenchef Jacques Neubauer verrät, was sich dahinter
verbirgt: »Eine Galantine ist ein Geflügel ohne Beine und ohne Knochen. Gefüllt
wird sie mit Gänseklein, Gewürzen, Gemüse, Apfel und manchmal Kastanien.«

Die Boltenhofer Gänse sind Ende Oktober, als wir den Gasthof besuchen,
bereits abgezählt, Weihnachten naht und Sankt Martin steht vor der Tür. Der
Küchenchef füllt im Gutshaus seine Pasteten mit dem, was die Umgebung hergibt – vor allem jetzt, wo in den Wäldern überall die Büchsen knallen. Was ins
Gras sinkt, landet meist in Fürstenberg bei Jäger und Wildhändler Guido
Richard, der Spießer etwa, ein junger Hirsch. Wir sind dabei, als er das Tier begutachtet: »Damwild mag ganz viel Heidelbeerkraut, mag diese Waldgegenden,
die wir hier haben. Das Stück ist von der Qualität sehr sauber und gut geschossen
ist es auch.« Dieser Spießer ist reserviert für die Frau des Küchenchefs: Monika

Neubauer hat gemeinsam mit ihrem Mann der Goldenen Gans neues Leben eingehaucht. Neuland war das 2005 für beide – und zwar im besten Sinne: Jacques Neubauer ist Belgier und ursprünglich Geburtshelfer und Anästhesist, Monika Neubauer ist US-Amerikanerin und war in ihrem früheren Leben Opernsängerin. So ganz kann sie das Singen aber nicht lassen. Einige Konzerte gibt sie noch, hier im Haus für geladene Gäste. Vom Leben wurde das Ehepaar ins obere Havelland gespült und das mit dem Kochen hat sich so ergeben. Beide sind sie gastronomische Autodidakten, doch die Leidenschaft für gutes Essen, sagt Jacques, kann man ohnehin nicht lernen. Aus dem jungen Hirschen wird ein formidables Medaillon, Holunderbeerensirup, Portwein und Butter runden die Sauce ab. Als Beilage ein bisschen Havelländer Nachbarschaft und ein bisschen weite Welt. Mit den Worten von Neubauer hört sich das dann so an: »Medaillons vom Hirschrücken mit Herzoginkartoffeln und Spitzkohlgemüse.«

Zur Goldenen Gans
Lindenallee 14
16798 Boltenhof
033087-538 73, 033087-539 44
info@goldene-gans-boltenhof.de
www.goldene-gans-boltenhof.de
Öffnungszeiten: Nov.–März Sa u. So 12–14.30
Uhr, Fr–So 17.30–20 Uhr, Samstag- und
Sonntagnachmittag Kaffee und Kuchen

Richard's Wild
Bahnhofstraße 24
16798 Fürstenberg/Havel
33093-600 871
info@richards-wild.de
www.richards-wild.de
Öffnungszeiten: Mo–Fr 7–16 Uhr

Gutshaus Friedenfelde

Friedenfelde, ein Ortsteil der Gemeinde Gerswalde, liegt versteckt zwischen uckermärkischen Hügeln. Das Gutshaus wurde 1763 vom Vater des berühmten Romantikers Achim von Arnim gekauft und im Stil des Rokoko zu einem Herrensitz umgebaut. In späteren Zeiten war das Gebäude immer wieder von Verfall und Abriss bedroht, bis es 1978 unter Denkmalschutz gestellt wurde. Knapp zwanzig Jahre später übernahm Familie Nowatzki das herrschaftliche Gebäude und begann mit der behutsamen Restaurierung. Seit 2001 lädt im ehemaligen Herrenzimmer ein kleines Restaurant und Café zur Einkehr.

Bei unserem Besuch führt der erste Weg in den Garten, wo die Gutshausköchin Dörte Ihler über ihren eigenen Frischemarkt verfügt: »Wir versuchen, möglichst alles Gemüse aus dem Garten zu nehmen, weil es dann wirklich frisch ist«, sagt sie. Unterstützt wird sie bei der Aufzucht und Pflege des Gemüses von ihrem Mann Gerhard. Gekocht wird, was der Garten liefert. »Wir haben eine wöchentlich wechselnde Karte und passen die daran an, was gerade wächst.« Was nicht aus dem eigenen Garten zu beschaffen ist, wird zum überwiegenden Teil bei Partnern aus der Region gekauft, gerne in Bio-Qualität. Aus diesen Zutaten bereitet Dörte Ihler nicht nur herzhafte Speisen, sondern auch frische Vollkornkuchen, Torten und Eis. Beliebte Spezialitäten sind die Dinkel-Flammkuchen, die Pflaumen-Quark-Knödel oder der »Uckerbrat«, ein Bratkäse aus der Bandelower Käserei. Die experimentierfreudige Köchin ergänzt die Speisekarte aber auch gern mit Köstlichkeiten wie Rote-Beete-Panna cotta mit Rucolablüten.

»Am liebsten koche ich kreativ, erfinde meine Rezepte selbst«, sagt sie. »Ich habe keine Lust, das zu kochen, was alle kochen.« Ihre fantasievolle Kochlust gefällt dem Hausherrn von Friedenfelde, Oliver Nowatzki. Er betont noch einmal den regionalen Ansatz: »Wir verwenden naturreine Produkte, so wie sie vom Acker oder vom Feld kommen. Den Dinkel zum Beispiel mahlen wir selbst, und zwar unmittelbar vor dem Backen, weil er dann noch die meisten Inhaltsstoffe hat. Diese kurzen Wege sind uns wichtig. Dadurch haben wir auch die Möglichkeit, individuell auf Allergiker zu reagieren.« In der Tat werden viele Gerichte von vornherein gluten- oder laktosefrei angeboten, andere können auf Wunsch so zubereitet werden.

Eilig sollte man es nicht haben im Gutshaus Friedenfelde, denn Qualität braucht ihre Zeit. »Entschleunigung« nennt man das hier – ein Motto, das einleuchtet, wenn man im Sommer auf der Terrasse sitzt oder im Winter am knisternden Kachelofen im Herrenzimmer.

Gutshaus Friedenfelde
Ort Friedenfelde 6
17268 Gerswalde/Uckermark
039887-57 65
0398875765@t-online.de
www.salon-im-gutshaus.de
Öffnungszeiten: Do–Sa 13–19 Uhr

Kleine Schorfheide

Der Chef des Landgasthauses Kleine Schorfheide liebt Suppen – und die Anneliese. Genauer gesagt: die Blaue Anneliese. Die sieht ganz anders aus als die anderen und ist wirklich lecker, mild und cremig im Geschmack, eben eine ganz besondere Knolle: die Kartoffelsorte namens Blaue Anneliese.

Bei unserem Besuch bereitet Volker Müller-Hagenbeck aus ihr eine Blaue-Kartoffel-Rote-Beete-Suppe zu. »Man fängt mit den Kartoffeln an«, verrät er uns, »weil die am längsten brauchen. Sie werden nur in Salzwasser mit ein bisschen Muskat gekocht, und zwar nur so weit, dass sie noch ein bisschen Struktur und Biss haben, sodass wir sie hinterher besser aufmixen können.« Rote Beete, das klingt erst einmal schlicht, doch Müller-Hagenbeck entlockt der roten Frucht das Besondere: »Das Erdige. Man schmeckt richtig die Natur. Man riecht förmlich den Boden. Und in der Kombination mit der blauen Kartoffel ergibt das einen exzellenten Geschmack.«

Nachdem blaue Kartoffeln und Rote Beete bissfest gekocht sind, werden sie getrennt püriert und in einem Glas geschichtet. Dann kommt ein Häubchen drauf, ganz wie bei einem Latte macchiato, allerdings hier aus frischer Sahne und einem Pesto aus frischem Bärlauch und Olivenöl. Eine Zutat fehlt aber noch. »Wir geben noch Uckermärkischen Whisky dazu«, schwärmt der Küchenchef, »und haben dann oben auf unserem Macchiato eine Whisky-Bärlauch-Sahne.«

Wenn zum Winterende hin bei den Biolandwirten in der Umgebung das meiste Gemüse verkauft ist, besorgt sich Müller-Hagenbeck die Zutaten für seine

raffinierte Suppe im Templiner Bioladen. Zum Beispiel die Blaue Anneliese: »Das ist eine deutsche Züchtung, die regional angebaut wird«, sagt Sigrid Mautschke, die Inhaberin von Naturkost Templin. »Eine ganz feine Sorte, die fast wie Maronen schmeckt.« Mit dem Bio-Gemüse fährt Müller-Hagenbeck zurück nach Annenwalde in das 250 Jahre alte Bauernhaus, das heute die Kleine Schorfheide beherbergt. Das 100-Seelen-Dorf Annenwalde ist mittlerweile ein touristischer Anziehungspunkt in der Uckermark mit seinen liebevoll renovierten Häusern, den zahlreichen Künstlern, der Glasbläserei, dem Pferdegestüt – und dem Restaurant Kleine Schorfheide.

Die verschiedenen Suppen kosten hier in der Regel zwischen 2,50 und fünf Euro. Da Volker Müller-Hagenbeck eine Vorliebe für das Kochen von Suppen hat, lag es für ihn nahe, sich ein extra Suppen-Kult-Tour-Mobil anfertigen zu lassen. Mit diesem Fahrzeug besucht er die Wochenmärkte in der Umgebung und bringt seine Kreationen unter die Leute.

Kleine Schorfheide
Annenwalde 13
17268 Templin OT Densow
03987-540 74, 0171-839 93 99
info@kleineschorfheide.de
www.kleineschorfheide.de
Öffnungszeiten Küche: Winter Fr u. Sa 12–20 Uhr, So 12–17 Uhr, Sommer täglich 11–21 Uhr

Naturkost Templin
Ernst-Thälmann-Straße 14
17268 Templin
03987-726 030
naturkost.templin@yahoo.de
www.naturkost-templin.de
Öffnungszeiten: Mo–Fr 9–18 Uhr, Sa 10–13 Uhr

Wir gehen auf Erkundungstour in die uckermärkische Küche. Der Name des Restaurants Wurlflut in Lychen kommt von einem Bach, der hier zwischen Wurlsee und Nesselpfuhl fließt. Auf die Teller kommt regionale Kost – vor allem das, was in den Seen schwimmt.

Wir begleiten den Fischer Uwe Krempig zu seinen Reusen im Rednitzsee, um den Fang zu begutachten, der später in der Küche des Restaurants verarbeitet wird. Heute hat er Fischerglück: Zwei Aale, ein Hecht und zwei kleine Barsche zwischen den Karauschen. Was fehlt, ist die Maräne, nicht eine kleine ist diesmal dabei.

Eine Maräne wäre nicht nur schön, sondern auch wichtig gewesen, denn fünf Kilometer weiter steht sie auf der Karte des Gasthauses Wurlflut, und versprochen ist versprochen. In der Küche steht Herward Duewell am Herd und braucht dringend Nachschub, drei Maränen hat er noch, danach muss er mit Zander, Wels und Schlei, mit Aal, Hecht und Forelle überbrücken. Aber auch wenn die Maränen fehlen, frischen Fisch, den gibt es hier jeden Tag. Dazu Duewells Saucen-Repertoire: Zitronenbutter, Kräuter und Holunder.

Die besondere Spezialität von Herward Duewell ist seine Holundersauce: »Viele essen Karpfen gerne mit Holunder oder mit Malzbier und Pfefferkuchen, der Uckermärker isst extrem, süß und scharf.« Dieser uckermärkischen Mischung aus süß und scharf hat man sich hier verschrieben, zwischen Geranien und Agaven, zwischen Wurlsee und dem Nesselpfuhl. Von weit her kom-

men die Gäste, auch weil die kurzen Wege der verarbeiteten Produkte hier Programm sind. Der Fisch von nebenan, die Kräuter aus dem eignen Garten: Dill, Petersilie, Rosmarin – wo andere zur Unkrautsense greifen, nimmt Duewell die Küchenschere.

In der Küche ist Duewell dabei, seine Kräuter zu bearbeiten: »Det ist der frische Brennnessel. Was heißt frisch, der wurde heute Morgen gepflückt und muss erst antrocknen, sonst hat er keinen Geschmack. So kommt er in die Fischsauce, das macht dann keinen Unterschied zu Spinat.« Den Brennnesselspinat kennt er noch von früher, wie so vieles, was auf seiner Karte steht. Ehrliche Bratkartoffelküche, das ist bei den Duewells das Konzept, heiß und fettig, und zum Nachtisch, schon seit Jahren: Kalter Hund. In seinem Uckermark-Kochbuch hat Herward Duewell seine Rezepte, viele noch aus seinen Kindertagen, festgehalten, unter anderem das für die Fliederbeersauce und den Brennnesselspinat. Kein Klimbim und kein Geheimnis macht Duewell um seine Küche, vermutlich gehen deshalb seine Gäste nicht nur satt, sondern auch glücklich nach Hause.

Wurlflut
Berliner Straße 21
17279 Lychen
039888-27 24
www.wurlflut.de
Öffnungszeiten: Mo–Mi 11–23 Uhr,
Fr–So 11–23 Uhr

Fischermeister Uwe Krempig
Beenzhof 1
17279 Lychen
039888-27 34
fischereikrempig@t-online.de
www.fischereikrempig.de
Öffnungszeiten: Mo–Sa 9–18 Uhr

Wer durch den kleinen Ort Ringenwalde kommt, der kann den Landgasthof Zum Grünen Baum gar nicht übersehen. Man bekommt hier natürlich auch ein schönes Stück Fleisch aus der Region, aber wenn ein Gasthof schon Zum Grünen Baum heißt, dann nehmen wir gerne das »Grünzeug«, die vielen vegetarischen Angebote, unter die Lupe.

Wir besuchen den Gasthof im Herbst, der sich mal von seiner nass-trüben, mal von seiner leuchtend-bunten Seite zeigt. Für Gastwirtin Katharina Räthel ist es die schönste Jahreszeit, jetzt lässt sich in der Natur aus dem Vollen schöpfen, denn tischt sie doch im Landgasthof Zum Grünen Baum am liebsten auf, was vor und hinter ihrem Haus wächst. Zum Wildkräutersalat gibt es Ziegenfrischkäse. Eigentlich ganz einfach, aber mit der schwarzen Nuss, die aus der unreifen grünen Walnuss im Frühjahr gemacht wird, doch ziemlich raffiniert. Katharina Räthel erklärt, wie es geht: »Die grüne Nuss wird gekocht, dabei wird sie durch die Gerbsäure schwarz, schrumpelt zusammen und kriegt diese dunkle Farbe.«

Nicht nur die schwarzen Nüsse sind hier hausgemacht: Auch Kräutertees, Holunder- oder Pflaumensuppe. Manches, was heute wiederentdeckt wird, gab es hier wahrscheinlich schon damals, als das Eckhaus noch eine Pferdewechselstation an der Strecke Berlin–Angermünde mitten in der Schorfheide war. Zwanzig Kilometer entfernt haben die Räthels ihre Gärtnerei gefunden. Das Gemüse halten Laufenten schädlingsfrei und gedüngt wird mit Pferdemist. Den Tomaten bekommt es – mit über hundert Sorten hat sich die Gärtnerin einen

Namen gemacht. Ines Sommerfeld von der Gärtnerei in Wichmannsdorf legt Wert auf diese große Auswahl: »Hier ist für jeden etwas dabei. Wir haben Tomaten mit wenig Säure, die schwarze Pflaume zum Beispiel oder den weißen Pfirsich.« Einmal in der Woche liefert die Gärtnerin nach Ringenwalde, was die Räthels für ihre wechselnde Speisekarte wünschen und nicht selbst anbauen.

Zurück in der Küche sehen wir bei der Zubereitung zu. Die Wildkräuter kommen in einen herzhaften Pfannkuchen. Auch das hört sich zunächst sehr einfach an, aber für Gastwirt Marcus Räthel, der gerade am Herd steht, ist das immer noch das Beste und seine Gäste freuen sich darüber: »Man kann einfach Kartoffeln reiben und Kartoffelpuffer machen. Da sagen die Leute, boah hier gibt es Kartoffelpuffer, oder man macht Pflaumenklöße. Dann sagen sie: Oh, dit hat meine Oma immer gemacht.« Das Leben hat das Ehepaar Räthel zum Kochen gebracht. Für sieben Kinder mussten lange die Teller gefüllt werden. Das waren die kreativsten Lehrjahre für die Quereinsteiger.

Zum Grünen Baum
Dorfstraße 57
17268 Temmen-Ringenwalde
039881-440 16
zumgruenenbaum@gmail.com
www.landgasthofzumgruenenbaum.de
Öffnungszeiten: Mo, Mi u. Do 12–14.30 Uhr
u. ab 17 Uhr, Fr–So ab 12 Uhr

Sommerfeld Gärtnerei und Floristik
Kuhzer Weg 5
17268 Boitzenburger Land OT Wichmannsdorf
039889-50 86 94
sommerfeldgaertnerei.wordpress.com
Öffnungszeiten: Mo–Fr 8–18 Uhr
u. Sa 9–15 Uhr

Das uckermärkische Ringenwalde liegt etwas abseits der Hauptwege, nicht ohne Weiteres findet man hierher – ein Ausflug lohnt sich aber allemal! Schon 1904 eröffnete der Gasthof Zur Eisenbahn, der an der heute stillgelegten Bahnstrecke Britz–Templin liegt. 1990 kam dann Kristian Holfeld und übernahm das Restaurant. Damals gab es hier nur Bockwurst. Der Wirt hatte sich zum Ziel gesetzt, die Gaststätte wiederzubeleben und entschied sich für die Landküche. Er erinnert sich an die Anfänge und daran, wie er sich gemeinsam mit Koch Maik Fritsch daran machte, eine regionale Landküche zu verwirklichen: »Das war früher eine Arme-Leute-Küche, wie fast überall in Brandenburg auf dem Lande. Wir haben damals, als wir anfingen, ganz einfach die alten Damen aus Ringenwalde zu Kaffee und Kuchen eingeladen und gefragt, was sie zu Hause kochen. An erster Stelle steht die uckermärkische Nudelsupp. Also eine Kartoffelsuppe mit Backpflaumen und Speck. Schmeckt hervorragend.« Die traditionellen Rezepte wurden mit eigenen Ideen kombiniert und prägen die Speisekarte.

Heute spielt die weitestgehend aus den Küchen verschwundene Wruke im Restaurant in der Saison eine große Rolle. Für eine Weile als Ost-Ananas verschmäht, steht sie hier wieder häufig auf der Speisekarte. Besser bekannt ist das typische Wintergemüse als Steckrübe. Lange Zeit wurde sie verkannt, wie Koch Maik Fritsch berichtet: »Die Wruke war eigentlich ganz früher Schweinefutter. Und dann kam der Wrukenwinter 1916, in dem die Wruke ihre Revolution hatte und in die Haushalte kam, weil die Kartoffelernte sehr schlecht war, weil Kriegs-

jahre waren. Und man hat entdeckt, dass man aus der Wruke Kaffee machen kann, man konnte Mehl machen. Man hat daraus Kuchen gebacken.«

Heute zaubert der Koch einen warmen Wrukensalat, in Orangensaft gedünstet. Als Beilage, denn die Hauptrolle spielt die Rinderbrust. Nicht irgendeine, sondern ein saftiges Stück vom Aberdeen-Angus-Rind, das dreißig Kilometer entfernt auf dem Biogut Kerkow weidet. Die Rinderrasse stammt aus Schottland und hat das, was man im Ringenwalder Gasthof so schätzt: feinfaseriges und gut marmoriertes Fleisch. In der Küche köchelt derweil die Rinderbrust mit Wurzelgemüse, schon gut anderthalb Stunden, und endlich wird angerichtet. Zur Rinderbrust gibt es Meerrettichschaum und Schwarzbrotknödel, für die auch altbackenes Brot richtig gut ist. Den schlechten Ruf der uckermärkischen Küche hat Maik Fritsch mächtig aufpoliert. Das würdigen sogar Gourmet-Fachblätter. Heute wird der Gasthof von ihm und seiner Frau Antje Strathmann als Inhaberin in diesem Sinne weitergeführt.

Zur Eisenbahn
Dorfstraße 6
17268 Temmen-Ringenwalde
039881-279
info@gasthof-eisenbahn-ringenwalde.de
www.gasthof-eisenbahn-ringenwalde.de
Öffnungszeiten: Mo u. Di 11.30–21 Uhr,
Do 17–21 Uhr, Fr–So 11.30–21 Uhr

Gut Kerkow
16278 Kerkow
03331-262 90
gutshof@gut-kerkow.de
www.gut-kerkow.de
Öffnungszeiten: Mo–Mi 12–18 Uhr
u. Do–So 10–18 Uhr

Zur Klostermühle

Wenn es selbst der Spargel in seiner Saison schwer hat, gegen die Forelle zu bestehen, dann muss der Fisch etwas Besonderes sein. Im Restaurant Zur Klostermühle in Boitzenburg ist die Forelle inzwischen eine kleine Berühmtheit. Die Favoritin auf der Speisenkarte hat einen sehr kurzen Weg auf die Teller im Gastraum des Wirtshauses. Viel von dem alten Flair der im 13. Jahrhundert erbauten Mühle ist heute noch erhalten. Gleich nebenan im Wirtshaus kommt das auf den Tisch, was hier im Wald und Wasser zu Hause ist, auch der Klassiker, die Forelle, für den viele Gäste gern ins Wirtshaus Zur Klostermühle pilgern.

Helge Leopold kann sich nicht erinnern, wie viele Forellen er verkauft hat, seit er das Restaurant Ende der 1990er-Jahre übernommen hat. Oft kämen Leute, die gar nicht erst die Speisekarte möchten, sondern gleich gezielt nach der Forelle fragen. Vielleicht ist das so, weil man sie frischer kaum bekommen kann. Der Fisch schwimmt direkt nebenan in den Boitzenburger Teichen, die aus den klaren uckermärkischen Bächen gespeist werden. Geliefert wird der Fisch von der Uckermark Fisch GmbH. Eine Zucht mit Tradition, wie Fischer Jürgen Buckow berichtet. Bereits 1886 wurden in den Teichen gräfliche Forellen gezüchtet, ihr heutiges Aussehen erhielten sie 1957.

Ob geräuchert oder pur – der Wirt Helge Leopold kommt gerne selbst vorbei, um sich seine Ware auszusuchen. Wenn es schnell gehen muss, dann genügt aber auch ein Anruf und der Fischer sorgt für Nachschub – wenn es sein muss, noch am selben Tag.

In der Wirtshausküche geht es durchweg bodenständig, ländlich zu. Ein bisschen Grün, aber kein Schnickschnack. Da macht der Küchenchef Birger Kollhoff auch um seine Forelle kein Gewese: »Salzen, säuern und dann schön füllen mit Kräutern – gehackte Petersilie, gehackter Dill. Und dann wird sie meliert und in Butter gebraten.« So entfaltet sich ihr Geschmack am besten. Während die Fische in der Pfanne brutzeln, kümmert sich der Koch um die schönen Kleinigkeiten. Das geräucherte Forellenfilet auf Blattsalat, dazu ein Rotwein-Honig-Dressing. Wenn er nicht kocht, geht Kollhoff jagen. So ist im Wirtshaus Klostermühle der Weg zum Wild fast noch kürzer als der zum Fisch, und auch Pilze und Blaubeeren kommen handverlesen aus dem Boitzenburger Wald. Während der Apfelernte wird sogar hauseigener Apfelsaft angeboten. Wenn der Holunder reif ist, kommt Likör auf den Tisch. Nur die Forelle hat das ganze Jahr über Saison – ob gebraten oder blau gekocht, verpassen kann man sie hier nicht.

Zur Klostermühle
Mühlenweg 5
17268 Boitzenburger Land OT Boitzenburg
039889-869 60
helge.leopold@t-online.de
www.reiseziel-uckermark.de/wirts-
haus-zur-klostermuehle-boitzenburg
Öffnungszeiten: im Sommer täglich 11–20 Uhr,
im Winter täglich 11.30–18 Uhr

Uckermark Fisch GmbH
Templiner Straße 2a
17268 Boitzenburger Land
039889-51 15
www.maerkische-fischstrasse.de
Öffnungszeiten: Mo–Sa

Café Wildau

Das Café Wildau, direkt am Werbellinsee gelegen, ist etwas für Fleischliebhaber, hier gibt es je nach Saison selbstgeschossenes Wild. Das Haus hat eine lange Geschichte. Kaiser Wilhelm II. kaufte das Gebäude 1894 als Gästehaus für das Jagdschloss Hubertusstock. Später wurde es zu dem beliebten Ausflugslokal »Sommerfrische«, das in den 1970er-Jahren geschlossen wurde. Als Helmut Schmidt bei seinem Staatsbesuch 1981 auch in die Schorfheide kam, wurde die Ruine kurzerhand in den See geschoben. 2008 ließ dann ein Unternehmerpaar aus Niedersachsen den legendären Ort wiederauferstehen. Restaurantchefin Caren von Herztberg berichtet: »Wir haben viele Gäste aus Holland und der Schweiz, Österreich und England und sogar aus Peru, die einfach begeistert sind über den Naturreichtum Brandenburgs. Ich denke, das ist etwas, womit man werben sollte, und wenn man dann eine funktionierende Gastronomie und ein gutes Hotel hat, dann ist das was, das funktioniert.«

Heute befindet sich das Café Wildau fast wieder dort, wo es zu Kaisers Zeiten stand. Und auch die Jagd ist wieder ein ganz großes Thema. Schon als Kind wollte Martin Melzow Koch und Förster werden. Heute vereint er Küche und Wald aufs Vortrefflichste. Was auf der Karte des Chefkochs vom Café Wildau steht, bestimmen die Saison und sein Jagdglück. Anders könnte er es sich auch gar nicht vorstellen: »Für mich ist das sehr wichtig, weil ich zu hundert Prozent den Ursprung auf den Tellern mit verfolgen kann.« Ein- bis zweimal in der Woche geht Melzow in der Schorfheide auf die Pirsch. Diese Woche kam ihm ein 15 Ki-

logramm schwerer Frischling vor die Flinte. Er erklärt: »Ich habe mich für den Kleinsten entschieden. Das hört sich jetzt falsch an, ist aber richtig, denn in der Jägerschaft geht man davon aus, dass man Jung vor Alt und Schwach vor Stark schießt.« 2009, nach Abstechern in London und Berlin, übernahm Martin Melzow das Café Wildau. Ein gelungenes Heimspiel für den Barnimer. Neben Wild gehört natürlich auch Fisch zum Repertoire der Küche.

Das Café Wildau knüpft auch beim Essen an die Traditionen an. Hier wird beispielsweise die Schwarzwurzel serviert, einst ein Heilmittel gegen die Pest, die heute wieder als Delikatesse unter den Wintergemüsen gilt. Im Geschmack ist sie zart und süßlich zugleich, sehr vitamin- und eisenhaltig. Gekocht in Sahne und mit Zitrone abgeschmeckt, ist der Winterspargel ein Gedicht. Die hausgemachte Kräutersenfkruste vollendet den zarten Wildschweinrücken. Für solche Raffinessen wird Martin Melzow geschätzt, ebenso wie für seine Saucen. Dafür kommen die Gäste auch im Winter gern an den Werbellinsee.

Café Wildau
Wildau 19
16244 Schorfheide OT Eichhorst
033363-526 30
info@cafe-wildau.de
www.cafe-wildau.de
Ostern–Sept. täglich 11.30–21 Uhr, Okt. –Dez. Mi–So 11.30–20.30 Uhr,
Jan.–Feb. Fr 16–20.30 Uhr, Sa 11.30–20.30, So 11.30–17 Uhr

Der Name lässt es schon erahnen: Hier wird mit Honig gekocht! Das fängt bei den Vorspeisen wie Honig-Mozzarella oder Paprika-Safran-Süppchen mit Lindenhonig an und geht bei den Hauptgängen genauso weiter. Das süße Bienenprodukt ist dabei nicht nur lecker, sondern oft auch hilfreich. Wildschwein zum Beispiel, das weiß jeder, ist erstmal zäh. Aber Frank Schwabe, Küchenchef der Immenstube, hat dagegen eine Wunderwaffe. Sie heißt Waldtannenhonig. »Der macht das Fleisch zart und würzt es auch. Zu Hause würde man Buttermilch nehmen, wir machen das hier mit Honig.« Derselbe Honig süßt auch die Waldbeerensauce, und in das Erbsen-Minz-Süppchen kommt ein Löffelchen Mangohonig – es gibt kaum ein Gericht auf der Karte, das nicht mit Honig abgeschmeckt ist. Auch wenn es manchmal so klingt, als würde es nicht zusammenpassen. »Wenn Sie's probiert haben, sind Sie positiv überrascht«, prophezeit Frank Schwabe.

Auf die Idee mit dem Honig kamen die Betreiber schon Ende der 1990er-Jahre, dabei war sie eher aus der Not geboren: »1997 haben hier im Umfeld mehrere Restaurants neu eröffnet«, so Geschäftsführer Thomas Lenz, »und wir haben überlegt, wie wir uns abheben können. Und dann fiel uns ein, dass schon die Mönche gezeitelt und geimkert haben.« Eine Idee also aus dem Kloster Chorin nebenan. Fleißig wie die Bienchen sammelten die Chefs der Immenstube daraufhin alles zum Thema Honig und verkaufen heute fast alles, was auf der ganzen Welt und vor Ort aus Honig hergestellt wird. »Es gibt wirklich feinen

Honig hier in der Gegend«, sagt Lenz, »die Schorfheide ist ein tolles Honiggebiet.« Zweieinhalb Tonnen verarbeitet die Immenstube im Jahr, ein Teil davon kommt aus dem zwanzig Kilometer entfernten Heckelberg von Wolfgang Düvier, der dort seit fünfzig Jahren als Hobbyimker tätig ist. Düviers Frau kocht zu Hause natürlich alles mit dem Saft seiner Bienen. Die Idee mit dem Honigrestaurant in Chorin findet der Imker deshalb auch ganz ausgezeichnet: »Hier ist Natur pur drin. Der Honig ist nicht nur Süßungsstoff, sondern er enthält auch wertvolle Bestandteile wie Fermente, Aromastoffe und so weiter. Dadurch wird das Immunsystem unseres Körpers stabilisiert.«

Gesund und lecker, was will man mehr! Der Wildschweinbraten ist dank der Honigmarinade tatsächlich überaus zart, den Honig in Erbsensuppe und Waldbeerensauce schmeckt man kaum. Das ist wohl das feine Geheimnis der Immenstube in Chorin.

Immenstube im VCH-Hotel Haus Chorin
Neue Klosterallee 10
16230 Chorin
033366-500
hotel@chorin,de
www.chorin.de
Öffnungszeiten: saisonal unterschiedlich,
online immer aktuell anzusehen

Probier Mahl

Experimentierfreude wird in Eberswalde großgeschrieben, besonders im Restaurant Probier Mahl. Hier ist der Name in mehrerer Hinsicht Programm, denn es darf schon vor der Bestellung probiert werden. Ein Angebot, das die Gäste gerne annehmen, vor allem wenn es um Gerichte geht, die etwas gewöhnungsbedürftige Zutaten haben wie beispielsweise die Blutwurst von der Landfleischerei Buckow. Die Blutwurst steht und fällt mit der Qualität der namengebenden Zutat, sagt Fleischermeister Olaf Gehrke. Dunkelrot, blitzsauber und vor allem schlachtfrisch muss das Blut sein, nur so gerinnt es nicht und bindet Speck und Schulterfleisch. Ein guter Fleischer, heißt es, trödelt nicht. In der Landfleischerei Buckow wird montags geschlachtet, dienstags zerlegt und mittwochs wird schon die Wurst gemacht. Geschlachtet werden ausschließlich die eigenen Tiere. Die Schweine stehen gleich nebenan im Stall, rosarot, auf frischem Stroh aus der Schorfheide, nicht nur auf Estrich. Auch Genfutter und Antibiotika sind hier tabu. Überschaubar soll es zugehen, ohne lange Wege, über den Hof ist gleich der Laden und in der Theke liegt Olaf Gehrkes Wurst.

Bis zur Küche des Probier Mahl ist es nicht weit. Blutwurst, das schmeckt nach seiner Kindheit, erzählt Küchenchef Peter Harwardt, während er ein Schaumsüppchen aus Sellerie und trübem Apfelsaft mit den Blutwurstscheiben veredelt. Ein Herbstgericht ist das, passt in die Gegend, sagt er, und passt in die Zeit. Ein Zweiglein Kerbel ist die Krönung und ein Süßkartoffelchip: Nichts Derbes hat die grobe Wurst jetzt mehr, sie ist ein Entrée geworden und rundum elegant.

Wer sich dennoch nicht ganz sicher ist, ob er wirklich Blut auf seinem Teller sehen kann, der hat die Möglichkeit, einfach mal ein Löffelchen zu probieren im Probier Mahl. 2012 hat Thomas Landgraf sein Restaurant in Eberswalde eröffnet, mit der Mission, den kulinarischen Horizont der Stadt zu erweitern, wie er erzählt. Sein Servicepersonal empfiehlt und wenn dann ein Gast sagt: »das kenn ich nicht«, dann kommt immer der Standardspruch: »probier mal«. Nach einer kleinen Kostprobe fällt dem Gast die Entscheidung gleich viel leichter.

Meist aber sind sich die Gäste im Probier Mahl sicher, was sie möchten, denn Peter Harwardt kocht gutbürgerlich, aber doch modern. Es ist ihm wichtig, dass man erkennt, was auf dem Teller liegt, auch wenn es nicht immer so aussieht, wie man es kennt. Das Möhrengemüse ist mehr ein wilder Dschungel in Orange und ins Püree zur Ochsenbacke reibt der Küchenchef Meerrettich satt: Überraschte Gäste, die sind für ihn das größte Lob. Peter Harwardt freut sich, wenn sich die Gäste noch Wochen später daran erinnern, was sie gegessen haben. Und natürlich verlässt nichts die Küche, was er nicht selbst essen würde.

Probier Mahl
Steinstraße 1
16225 Eberswalde
03334-277 84 00
kontakt@dasprobiermahl.de
www.probiermahl.de
Öffnungszeiten: Mo–Sa ab 12 Uhr

Landfleischerei Buckow
Buckow 14
16244 Buckow
03334-526 641
info@buckow-schorfheide.de
www.buckow-schorfheide.de
Öffnungszeiten: Mo–Fr 9–17 Uhr u. Sa 9–12 Uhr

Mediterrane Küche mit brandenburgischen Produkten: Das geht und das gibt es. Im Bergschlösschen in Buckow. Was auf den Tellern landet, kommt aus Ostbrandenburg, vom Olivenöl abgesehen, aber selbst der Ziegenkäse ist regional. Die frischen Kräuter wachsen bei Küchenchefin Nadine Moore in der Küche auf der Fensterbank und auch sonst verarbeitet die Buckowerin im Bergschlösschen am liebsten Zutaten, die direkt aus der Nachbarschaft kommen. Fürs leichte Sommergericht werden beispielsweise Tomaten, Knoblauch und frische Kräuter in Olivenöl geschwenkt. Nadine Moore liebt einfache Zutaten und den ursprünglichen Geschmack. Deshalb sucht sie nach den kleinen, feinen Produzenten in der Nähe.

Begeistert erzählt sie, wie sie auf solche Produzenten aufmerksam wird: »Wir haben in der Zeitung gelesen, dass die Ziegenlämmer geboren wurden, und fanden es so toll, dass jemand in der Region noch Ziegenkäse produziert, dass wir gleich hingefahren sind und uns bekannt gemacht haben.« Die Ziegen auf dem Ziegenhof Zollbrücke sind selbst kleine Feinschmecker. Auf den Oderbruchwiesen dürfen sie jedes Blättchen selbst wählen und das schmeckt man an der Milch, deren Geschmack variiert. Auch der Eiweiß- und der Fettgehalt schwanken. Für Michael Rubin vom Ziegenhof ist deshalb der Käseschnitt immer ein spannender Moment. Ist die Milch dick genug geworden? Heute stimmt die Konsistenz. Mit der sogenannten Käseharfe wird die verdickte Milch nun umgerührt und dabei zerteilt, Käsebruch entsteht.

Michael Rubin hat das Käsen von einem Schweizer Käsemeister gelernt und hält sich bis heute an dessen Rat, den Käse vollkommen in Handarbeit herzustellen. Der Käsebruch muss nun eine Stunde lang bewegt werden, damit sich Molke und Käse trennen. In den Formen verbinden sich die Käsekörner schließlich zu einem Stück. Eine Reife-Woche noch, dann ist der »Deichläufer« zum Verzehr fertig, ein Ziegenkäse, der bemerkenswert mild schmeckt. Michael Rubin liefert den »Deichläufer« einmal pro Woche nach Buckow, wo er und seine Ware schon sehnlichst erwartet werden.

Nadine Moore veredelt den Ziegenkäse mit Schinkenspeck und verrät uns: »Zu Ziegenfeta und zu Ziegenkäse passt unwahrscheinlich viel, da passt Süßes, Honig, aber auch das Herzhafte. Und weil das Tomatengemüse schon sehr mild ist, ist die Kombination mit dem Speck einfach großartig.« Gebratener Ziegenfeta im Speckmantel auf warmem Tomatengemüse mit Knoblauch und Kräutern. Mediterrane Küche ist im Bergschlösschen von Nadine Moore hundertprozentig Brandenburg.

Hotel Bergschlösschen
Königstraße 38
15377 Buckow (Märkische Schweiz)
033433-573 12
info@bergschloesschen.com
www.bergschloesschen.com
Öffnungszeiten: täglich 12–22 Uhr

Ziegenhof Zollbrücke
Zollbrücke 20
16259 Oderaue
033457-50 65
ziegenhof@gmx.de
www.ziegenhof-zollbruecke.de
Öffnungszeiten: täglich

Schon als Dreikäsehoch hat sich Alfons Breier mehr für Schafgarbe, Huflattich und Spitzwegerich interessiert als fürs liebe Vieh. Später hielt er sogar Vorträge und immer ging es um die Schätze der Botanik. Der Mann, den alle bereits den Kräuterhexer nennen, betreibt in Rathsdorf Breiers Kräutergarten. Das Restaurant ist ein Familienbetrieb mit fünf Angestellten in dem umgebauten Fachwerkhaus der Eltern und Großeltern.

Bevor Alfons Breier sich am Vormittag auf den Weg in seine Küche macht, geht er »einkaufen«. Sein Supermarkt befindet sich im Garten direkt hinterm Haus, im Sommer steht hier seine gut gefüllte Frischetheke. »Unkraut gibt es nicht«, erklärt der gelernte Fleischer. Was andere wegschmeißen, kommt in Breiers Kräutergarten auf den Tisch. »Franzosenkraut zum Beispiel oder Melde schmeißen die Leute auf den Kompost.« Breier zeigt auf eine Pflanze: »Die sieht sehr schön aus, die hat pinkfarbene Spitzen. Die kommen bei uns alle in den Salat.«

Ein 3-Gänge-Menü wird Alfons Breier heute zubereiten: Gurkensuppe, Wildkräutersalat mit Hähnchenbrust und Backkartoffeln und ein Rosendessert. Für den Nachtisch verwendet er Damaszener-Duftrosen, die seit der Antike kultiviert werden – schon Kleopatra soll ein betörendes Bad darin genommen haben. So geschmackvoll das Dessert klingt, so gesund ist die Backkartoffel. Alfons Breier füllt sie mit im Frühling gepflücktem Bärlauch. »Der Bärlauch wird einfach gehackt und püriert, mit Salz und Öl, mehr braucht es nicht. Der Bärlauch

hat von sich aus Substanzen, die konservieren. Man sollte ihn aber auf sechzig Grad erhitzen wegen dem Fuchsbandwurm, gerade bei Wildsammlung.«

Alfons Breier begrüßt inzwischen seine Gäste zum Kräuterseminar. Etwa 260 Kräuter wachsen in seinem Garten – bei Weitem nicht nur Wild- oder Unkräuter. Er ist aber keineswegs ein Purist, brät auch Klassisches – nur mit Kräutern, gibt er zu, könne er im Oderbruch nicht überleben. Trotzdem ist er Kräuter-Koch aus Überzeugung: »Weil ich mal sehr krank war, habe ich gedacht, wir müssen unserem Körper mehr lebendes Zeug zuführen, also mehr Lebensmittel. Weil wir in der heutigen Zeit zu viel tote Sachen essen, und da kann man das mit Wildkräutern gut ergänzen, weil die voller Energie und Power sind.«

Wenn Ruhe im Gasthaus einkehrt, widmet sich Alfons Breier wieder seiner Ernte. Heute wird Ketchup hergestellt. Nicht aus Tomaten, sondern aus Aprikosen. Denn mit Tomaten, erklärt er, hatte Ketchup ursprünglich nichts zu tun. Seine außergewöhnlichen Produkte bietet er im eigenen Hofladen an.

Breiers Kräutergarten
Rathsdorf 21
16269 Wriezen
033456-700 49
info@breiers-kraeutergarten.de
www.breiers-kraeutergarten.de
Öffnungszeiten: Mi–Sa 11.30–21 Uhr,
So 11.30–20 Uhr

Das Schloss, in dem einst Rittmeister von Prittwitz und später der berühmte preußische Reformkanzler Karl August Fürst von Hardenberg residierten, ist heute ein kultureller Leuchtturm in der Oderbruch-Region. Hier finden nicht nur regelmäßig hochkarätig besetzte Lesungen, Konzerte und Tagungen statt, sondern man kann hier auch hervorragend speisen – und zwar im Restaurant Brennerei.

Wo zu Zeiten des Staatskanzlers noch Schnaps gebrannt wurde, serviert heute Sebastian Gier zeitgemäße Küche mit regionalen Wurzeln. Bei unserem Besuch steht Lamm ganz oben auf der Speisekarte: »Ein Tier muss Zeit haben auf der Weide«, verrät uns der Küchenchef sein Grundprinzip. »Das ist ganz wichtig. Denn Stress wirkt sich negativ auf die Fleischqualität aus.« Deshalb bezieht er sein Lammfleisch – schön rot und mit zarter Marmorierung – direkt von Schäfermeister Dirk Schulze, dessen Merino-Landschafe ganz entspannt auf den Klee- und Storchenwiesen des Odervorlands weiden können. Nur zum Lammen kommen die Mütter in den Stall, und es vergeht im Frühsommer kaum ein Tag, an dem Schulze keinen Zuwachs in seiner Herde hat. Nach sechs bis neun Monaten wird dann aus den Lämmern das Filet, das nur ein, zwei Kilometer weiter in der Schlossküche von Neuhardenberg verarbeitet wird. Das Oderwiesen-Lamm ist ein Fleisch für fürstliche Gerichte, sagt Sebastian Gier. »Das Lammfleisch, das wir servieren, ist super frisch, super zart und man schmeckt oftmals gar nicht, dass es Lamm ist.«

Und was gut schmeckt, wird dann auch noch fantasievoll arrangiert. Das Auge isst schließlich mit. Mit einer Garnitur aus Tagetes, Pimpernelle und Lavendel wird so manches Menü zum Gesamtkunstwerk. Sebastian Gier versucht gerne, die Gerichte so in Szene zu setzen, »dass ein Aha-Effekt entsteht und der Gast sagt: Das kann man doch gar nicht essen«. Kann man aber. Und man sollte auch. Das gilt ebenso für die meist bodenständigeren Gerichte, die die Karte in der Brennerei prägen – mit weniger Dekorationsaufwand, dafür zu moderaten Preisen. Wer das Exklusive sucht, der sollte stattdessen die Orangerie oder das direkt im Schloss gelegene Restaurant Lenné buchen, wo der Küchenchef auf Anfrage gern in ganz privatem Rahmen serviert. Ein raffiniertes Menü unter Kronleuchter-Kristallen, mit Blick in den weiten Schlosspark und das Oderland erweist sich dann schnell als wahrhaft fürstliches Vergnügen. Und wenn man ein wenig innehält, hört man hinterm Schloss die Lämmer blöken.

Brennerei
Schinkelplatz
15320 Neuhardenberg
033476-60 00
hotel@schlossneuhardenberg.de
www.schlossneuhardenberg.de/
essen_trinken/brennerei.html
Öffnungszeiten: täglich ab 11 Uhr

Dammmeisterei

Am Ende des Landes, ganz im Osten an der Oder, kommen wir zur Dammmeisterei in Zollbrücke. Die Terrasse der Dammmeisterei ist von der Oder nur durch den Deich getrennt, idyllisch und ruhig findet man hier einen wunderbaren Ort zum Ausspannen und zum Erholen nach einem Ausflug. Restaurantleiter Alexander Thomas setzt auf regionale Küche, von deftiger Hausmannskost bis zur Haute Cuisine. Besonders bekannt ist die denkmalgeschützte Dammmeisterei für ihre Eisvariationen. Als Belohnung nach einem Ausflug erwarten den Besucher Eisbecher der exotischen Art.

Die Dammmeisterei hat sich außergewöhnliche Eiskreationen auf die Fahne geschrieben, garniert mit Leckereien wie Apfel-Mango-Mus oder marinierten Weintrauben. Sorten, die ganz außergewöhnlich klingen, wie Himbeer-Sahne-Grieß, Buttermilch-Sanddorn oder Marula-Eis aus der Frucht des Elefantenbaums werden hier angeboten. Aber natürlich auch Klassiker wie Erdbeeren auf Vanilleeis sind im Angebot. Die Eiskreationen lässt sich die Dammmeisterei in Zollbrücke von einem echten Experten auf dem Gebiet liefern. Neunzig Kilometer weiter südlich wird von der Firma IceGuerilla Beeskow das – laut Fachmesse Intergastra – beste Eis Deutschlands produziert. Im Angebot sind rund 200 verschiedene Sorten, die nicht nur die kleinen Gäste begeistern.

Ralf Schulze, Inhaber der innovativen Eismanufaktur, ist experimentierfreudig: »Aus allem, was man pürieren kann, was man essen kann, können wir Eis machen.«

Seit 2013 entsteht hier unter anderem die Kombination aus Milch, Erdbeeren und Balsamico, die in Zollbrück als Dammmeistereis verkauft wird. Seine besondere Klasse erhält das Eis durch eine 24-stündige Reifezeit, erzählt Schulze: »Das ist das Wichtigste, das haben wir uns von Whiskyproduzenten abgeguckt. Die gesamten Zutaten, die Trockenprodukte, müssen sich in der Milch und in der Flüssigkeit auflösen. Und da gibt es nur die Möglichkeit, das über die Zeit zu tun.«

Beim Do-it-yourself-Eisbecher entscheidet der Kunde in der Dammmeisterei selbst, in welcher Kombination die Eiskugeln in den Becher fallen, und der Fantasie der Gäste entspringen die tollsten Eiskreationen. Auch bei den Waffeln achtet Thomas Berge darauf, dass sie aus regionalen Produkten hergestellt werden, genauso wie die regionalen Zutaten je nach Saison variieren. Aber am wichtigsten ist natürlich, dass alles zum Eis passt.

Dammmeisterei Zollbrücke
Zollbrücke 10
16259 Oderaue OT Zäckericker Loose
0173-365 90 99
info@dammmeisterei.de
www.dammmeisterei.de
Öffnungszeiten: April–Okt. Mo, Do u. So 11.30–19 Uhr, Fr u. Sa 11.30–21 Uhr, Nov.–März Fr 15–21 Uhr, Sa 11.30–21 Uhr, So 11.30–19 Uhr

Italien trifft Brandenburg! Das bringt's auf den Punkt: Der Italiener Antonio de Nuzzo trifft die Brandenburgerin Julia Tamm, die beiden werden ein Paar und eröffnen mitten im Oderbruch ein Restaurant, das sie »Juani« nennen – ein Wortspiel aus Julia und Antonio. Der Buchstabe »i« am Ende steht für Italien, das Land, das für beide zum Ausgangspunkt ihres gemeinsamen Weges wurde. Dieser rote Faden zieht sich durch bis zur Speisekarte und auf die Teller. Denn auch dort trifft Brandenburg auf Italien. So entsteht etwa der frische Pastateig, aus dem Koch Salvatore Morello typisch italienische Spezialitäten wie Cappeletti formt, aus Eiern und Mehl aus Ostbrandenburg.

Die Lieferanten des im Mai 2013 gegründeten Restaurants Juani sind fast alle in der Region ansässig. Und wenn doch mal etwas fehlt, dann schaut Julia Tamm einfach bei Peter Fuhge vorbei, der im Wriezener Ortsteil Haselberg auf einer Fläche von einem halben Hektar unzählige Obst- und Gemüsesorten anbaut und seine Erzeugnisse direkt an Kleinabnehmer verkauft. So werden für die italienischen Rezepte oft Haselberger Tomaten von der alten DDR-Sorte »Harzfeuer« verwendet. Und das ist nach Ansicht von Salvatore Morello das Geheimnis der Küche im Juani: »Die Verbindung regionaler Produkte und der Tradition italienischer Küche.« So etwa bei den Cappeletti-Nudeln mit Forelle aus dem Oderbruch, die von Fuhges aromatischen Tomaten, Forellenkaviar, einer Creme aus Büffelmozzarella und dem Schaum einer Basilikumsauce begleitet werden. 15 Euro kostet solch eine spezielle Ravioli-Kreation. Serviert wird sie drinnen im

elegant eingerichteten Restaurant oder an Sommertagen gleich draußen im Garten vor der Tür.

Das Haus in der Mahlerstraße schien dem deutsch-italienischen Pärchen auf Anhieb geeignet, um ihre Idee zu verwirklichen, authentische italienische Küche – jenseits von Pizza oder Spaghetti Bolognese – ins Oderbruch zu bringen. Neben selbstgemachter Pasta und frischem Fisch serviert man im Juani auch italienische Kuchen, Torten und Eis. Ursprung für das Gemeinschaftsprojekt war nicht zuletzt Julia Tamms Sehnsucht nach dem Landleben. »Ich wollte gern zurück in die Heimat«, sagt die gebürtige Frankfurterin, »und Heimat ist für mich eben Brandenburg und keine große Stadt.« Sie und Antonio lernten sich in Italien kennen und waren danach gemeinsam viel unterwegs, jetzt haben sie ihren Lebensmittelpunkt in Wriezen gefunden. Wir sind gespannt, wie die Kombination aus Oderbruch-Produkten und Italien-Rezepten ankommt.

Juani
Mahlerstraße 17
16269 Wriezen
033456-721 344
Öffnungszeiten: Di–Do 11–21 Uhr,
Fr–So 11–22.30 Uhr, Saisonöffnungszeiten
können abweichen

Wolfgang Schalow, Wirt und Koch in Schechert's Hof in Marxdorf bei Seelow, hat gerade auf der Grünen Woche in Berlin den Fisch des Jahres präsentiert, als wir ihn besuchen: Es war der Stör. Aber es gibt noch viele andere Fische, die Schalow als Spezialitäten zubereitet, Wels und Quappe beispielsweise. Mit seiner Kochkunst hat Schalow aus dem kleinen Imbiss, der an seine Räucherei angeschlossen war, ein angesagtes Fischrestaurant werden lassen. Und angesagt ist der Wirt damit natürlich auch bei den Fischern der Umgebung.

Wir begleiten Wolfgang Schalow beim Fischkauf. Heute geht es zu Fischer Helmut Tusche in Booßen. Hier kann er sich aussuchen, welchen Fisch er gerne hätte – frischer geht es nicht. Lange gefeilscht wird nicht, der Wels steht auf der Speisekarte und wird auf jeden Fall noch heute gegessen. Kein alter Moosbuckel, sondern ein Zuchtfisch. Tusche hält ihn zusammen mit Karpfen. Das geht problemlos, wie wir erfahren. Der Einkauf ist beendet, wir machen uns auf den Weg zurück nach Marxdorf. Schechert's Hof liegt – mit Verlaub – völlig abgelegen, idyllisch in den brandenburgischen Weiten. Kein Fernradweg führt hier vorbei und keine Bundesstraße. Und dennoch: Das kleine und überaus gemütliche Lokal ist ein Geheimtipp. Wer nicht vorbestellt, hat am Wochenende schlechte Karten. Von weit her kommen die Leute und das nicht, wie man meinen könnte, wegen des Wels. Hauptperson in Marxdorf ist die Quappe, die im Winter in der Oder unterwegs ist. Bis zu vier Kilo wird sie schwer, hat sehr festes Fleisch und ist vom Geschmack, sagen Kenner, ähnlich wie Aal, nur intensiver. Wolfgang

Schalow ist sichtlich begeistert: »Die Quappe ist ein wunderbarer Fisch und hat kaum Gräten, sie ist ein Knorpelfisch. Sie gehört zur Familie der Dorsche und lebt im Sommer in der Ostsee. Zum Laichen wandert sie die Flüsse hinauf, um sich zu vermehren.«

Schalow brät seine Quappenfilets in einer leichten Eihülle. Das schützt das Fischfleisch in der Pfanne. Von wem er die Quappen bekommt und wo in der Oder sie gefangen werden, das behält er für sich. Um seine Zutaten dagegen macht er kein Geheimnis, die kommen alle aus der Region. Schechert's Hof ist schließlich Mitglied im Oder Culinarium, einem regionalen Netzwerk von Gastronomen. Im Winter bekommt man weder Spargel noch Erdbeeren, dafür aber verschiedene Kohlsorten, Wild oder Fisch. Die Quappen-Saison ist im März vorbei, ganzjährig gibt es dafür den Wels. Als Filet in einer Kräutersenfkruste mit Beilagen ganz nach Wunsch und selbstgemachtem Senf-Dill-Dressing.

Schechert's Hof
Dorfstraße 35
15306 Vierlinden OT Marxdorf
033470-49 50
info@schechertshof.de
www.schechertshof.de
Öffnungszeiten Küche: Mo–Mi nur für Gruppen
auf Vorbestellung, Do u. So 11.30–18 Uhr,
Fr u. Sa 11.30–20 Uhr

Gewässerpflege und Fischzucht Tusche GmbH
Fischladen
Bahnhofsweg 9c
15234 Frankfurt (Oder)
Tel: 033605-204
service@tusche-fisch.de
www.tusche-fisch.de
Öffnungszeiten: Fr 10–18 Uhr u. Sa 8–13 Uhr

Alte Schule

In der Alten Schule in Reichenwalde hat man sich mit Kartoffeln ganz nach oben gekocht. »Bodenständig, aber gehoben« ist das Motto in der Küche. Heute wird im Restaurant geschlemmt, wo früher die Reichenwalder lesen und schreiben lernten. Die Dekoration erinnert noch an früher, und es riecht nach Kindheit, nach Küche, heißem Fett und – Bratkartoffeln. Die werden hier ganz klassisch zubereitet. Etwas dicker geschnitten sind sie außen schön knusprig und innen ganz weich. An den Bratkartoffeln, heißt es, erkennt man, ob der Koch was taugt. Für die Bratkartoffeln in der Alten Schule reisen die Gäste von weit her an. Die Kartoffeln selbst indes sind alles andere als weitgereist: Sie stammen aus Reichenwalde, hundert Meter die Straße hinunter. Jochen Zwiebler baut schon seit sechzig Jahren Kartoffeln auf seinen Feldern rund um den Zaunberg hinter dem Dorf an, ein Leben zwischen Alter Schule und Kartoffelfeldern, »Wir sind vormittags zur Schule gegangen und nachmittags auf den Acker«, erinnert er sich.

Geschäftsführer Torsten Lojewski weiß mittlerweile, dass die Eröffnung eines Restaurants ein großes Wagnis ist. »Zum Glück weiß man das vorher nicht. Wir haben das einfach aus dem Bauch heraus so gemacht, wie wir es gerne hätten und wie wir uns ein Lokal auf dem Land vorstellen.« Und das zahlt sich aus: Wo Kartoffelbauer Zwiebler lernte, ist heute die Kulinarik-Oberprima beheimatet, längst geadelt durch die Gourmetkritiker von Guide Michelin und Gault Millau, schon seit elf Jahren hält man sich.

Gehobene Bratkartoffel-Küche, kein Schnickschnack, dafür Anspruch: Aus Laura, Adretta und Vineta werden Erdapfel-Baumkuchen mit Dutzenden von Lagen gezaubert, sie werden mit Rahmsauerkraut gefüllt und in Mehligkochende werden glasige Schalotten und grober Senf gedrückt. Der Kartoffelstampf mit seinem feinen, aber auch rustikalen Geschmack ist immer Bestandteil der Karte.

Zur erdigsten aller Sättigungsbeilagen gibt es mal geschmortes Lamm, mal Schweinebacke und manchmal auch eine exklusive Variante der Currywurst. In Reichenwaldes altem Klassenzimmer studieren jetzt Groß und Klein die Karte. Kein Schulessen: Selbst der Kinderteller ist eine Augenweide und wird ganz kindgerecht bewohnt von Fischstäbchen und, unter Erbsen, dem Kartoffelwurm.

Alte Schule Restaurant & Hotel
Kolpiner Straße 2
15526 Reichenwalde bei Bad Saarow
033631-594 64
info@restaurant-alteschule.de
www.restaurant-alteschule.de
Öffnungszeiten Mo–Sa 12–14.30 Uhr u.
18–21.30 Uhr, So. u. feiertags 12–21.30 Uhr

Bollwerk 4

Wir machen uns am Ende der Pilzsaison auf den Weg nach Eisenhüttenstadt, ins Restaurant Bollwerk 4. Das Gasthaus, ein mit Jugendstilelementen gespicktes Kleinod, wurde ursprünglich am Oder-Spree-Kanal eröffnet. Der Name des Restaurants stammt also aus Gründertagen. 2009 zog es Steffen Krüger und seine Frau in das Deutsche Haus am Lindenplatz. Das ist umso bemerkenswerter, als Krügers Urgroßeltern dieses Haus schon 1905 als Hotelrestaurant betrieben.

Restaurantchef Steffen Krüger und seine Frau waren jahrelang auf der MS Arkona beschäftigt, Krüger war Stewart. Dann zog es sie wieder an Land, voller Tatendrang und mit Heimweh nach Eisenhüttenstadt. So wurde die Idee geboren, ein hochwertiges Restaurant im Heimatort zu eröffnen. Heute ist das Gasthaus also wieder in Familienbesitz und familiär ist auch die Atmosphäre im Bollwerk 4.

Das von Gault-Millau-Kritikern gelobte Gasthaus setzt auf die Zubereitung regionaler Produkte und wir begleiten den Restaurantchef und seinen Onkel bei der Pilzsuche. Im Wald nahe Neuzelle, nur zehn Kilometer vom Restaurant entfernt, begutachtet Krüger mit fachmännischem Auge seine Funde: »Für mich ist wichtig, dass die Pilze schön knackig sind. Nicht schlabbrig – was man selbst nicht mag, kann man auch nicht verkaufen. Wenn ich weiß, die kommen von unserer Familie, dann kann ich auch davon ausgehen, dass da nur vernünftige Sachen bei sind.«

Obwohl die Pilzsaison beinahe beendet ist, füllt sich der Korb rasch mit Pfifferlingen, Maronen und Schirmpilzen. Der erfahrene Pilzsammler Gottfried Baumgart erklärt zum Schirmpilz: »Im Volksmund wird er auch Rehpilz genannt. Seine Maserung hat er in etwa wie das Reh.« Zufrieden geht es zurück ins Restaurant, für das Mittagsmenü reicht die Ausbeute allemal. Als Beilage zur gefüllten Putenbrust steht nämlich Waldpilzpolenta auf dem Programm: »Polenta ist Maisgrieß. Sie wird bevorzugt in süd- und osteuropäischen Ländern gegessen. Ich habe diese Variation gewählt, weil hierzulande sehr viel mit Wild gearbeitet wird. Und zu Wild passen ja immer Pilze.«

In der Ferne hat der Bollwerk-Chef seine Liebe zu Brandenburg entdeckt, und er wünscht sich, dass noch mehr Gäste den Weg hierher ins ganz östliche Land finden, denn für Krüger stehen die Gäste im Mittelpunkt: »Bei uns geht es darum, dass wir einfach eine schöne Küche machen, dass alle Gäste sich wohl fühlen, ein schönes Glas Wein trinken und gute Küche genießen. Und dass alles nicht zu teuer ist. Dass man also sagt, das ist einfach toll.«

Bollwerk 4
Lindenplatz 1
15890 Eisenhüttenstadt
03364-740 264
bollwerk4@web.de
www.bollwerk4.de
Öffnungszeiten: Di–Sa u. feiertags 11.30–14 Uhr, 17–22 Uhr, So 11–16.30 Uhr

Oder-Spree-Seengebiet

Gut Hirschaue

Gut Hirschaue in Birkholz ist ganz nah dran am Schlaraffenland. Wer hier an-kommt, dem läuft der Braten noch freudig entgegen. Artgerechte und schonende Tierhaltung – das sind die Prinzipien, nach denen sich alles richtet. Eigene Gat-terwildhaltung, eigene Schlachtung, eigene Vermarktung nach Bioland-Richt-linien im Hofladen oder auf Berliner Wochenmärkten, immer dreht es sich ums Fleisch – bis es auf Gut Hirschaue dann auf dem Teller landet.

Mittags halb zwölf herrscht in der Küche von Gut Hirschaue die berühmte Ruhe vor dem Sturm. Stress – Fehlanzeige. Alles ist längst vorbereitet für 25 hungrige Gäste, denen Chefkoch Thomas Plagemann seine Spezialität, den Wildteller, serviert wird. Wild aus eigener Zucht, das nicht erst tagelang in But-termilch schwimmen muss: »Wenn man ein junges Tier hat, dann braucht man das nicht machen«, erklärt der Guts-Koch. »Ein kleiner Tipp: Wenn doch, kann man es auch mit einer Kiwi machen. Die Kiwi hat auch solche Enzyme, die das Fleisch mürbe machen, wenn man es in Öl und Kiwi einlegt, einen Tag vorher, wunderbar.«

Im Topf gart derweil, in Vakuumfolie verpackt, Märkisches Sattelschwein, bei sechzig Grad. Besonders schonend ist die Zubereitung, verspricht der Koch. Die Märkischen Sattelschweine sind deutschlandweit einmalig. Bis zur Schlach-tung werden sie mindestens 14 Monate alt, bringen aber lange nicht so viel auf die Waage wie hochgezüchtete Mastschweine. »Das ist eine Kreuzung aus Wild-schwein und alter Hausschweinrasse, dem Deutschen Sattelschwein, die kom-

plett im Freiland ranwachsen, das ganz Jahr draußen sind«, erklärt Geschäftsführer Henrik Staar. Er führt gerade angehende Köche und Restaurantfachleute aus Frankfurt und dem französischen Brest über das Gelände. Dreieinhalb Kilometer lang ist der Rundwanderweg, 185 Hektar groß allein die Gehegefläche, auf der ökologischer Landbau betrieben wird. Jeden Sonntag gibt es Führungen durch das Gehege mit Tierfütterung und anschließender Wildwurstverkostung. Und manches Tier, wie Hirsch Dieter, hat sich längst an das bunte Volk gewöhnt.

Vom Hirsch hat der Koch heute einen Rollbraten gezaubert, mit Datteln und Tomaten mediterran gefüllt. Koch Martin Wacker brät unterdessen die Wild-Bratwurst, natürlich aus eigener Produktion. Und nach über drei Stunden mit niedrigen Temperaturen gegart, wird nun auch der Braten vom Märkischen Sattelschwein den hungrigen Gästen serviert.

Gut Hirschaue
An der Hirschaue 2
15848 Rietz-Neuendorf OT Birkholz
03366-152 790
info@gut-hirschaue.de
www.gut-hirschaue.de
Öffnungszeiten: Mi bis Fr 11–15.30 Uhr,
Sa u. So 10–18 Uhr, Saisonöffnungszeiten können
abweichen

Alt Madlitz
Gut Klostermühle

Wer zum Gut Klostermühle fährt, der muss mitten in den Wald – und direkt ans Wasser. Der Weg lohnt sich. Immerhin steht dort in der Küche der Brandenburger Meisterkoch aus dem Jahr 2010, Peter Krüger. Die Küche ist brandenburgisch, dabei aber alles andere als Alltagsküche. Auf der Karte finden sich zum Beispiel: Kalbskopf Tortelloni oder Rehschulter mit Kakao oder, so schlicht wie vielversprechend, fangfrischer Fisch.

Wenn über dem Wald am Madlitzer See die Sonne aufgeht, im Herbst gegen sechs Uhr, tun sich sogar die Enten schwer mit dem Wachwerden. Aber einer ist schon früh unterwegs, Fischer Schindowski. Bereits vor gut 600 Jahren haben hier am Madlitzer See Mönche Fische aus dem Wasser geholt. Seit zehn Jahren ist Schindowski hier Fischer. Er mag seinen See, die frühe Stunde und auch die kalte Jahreszeit: »Schöner ist es, wenn früh immer noch ein bisschen Nebel über dem Wasser schwebt«, sagt er. »Das hat man jetzt im Herbst oft. Das ist einfach nur herrlich. Wenn man dann noch schön fängt, dann ist es noch mehr eine Freude. Da kann man sagen, der Tag hat sich gelohnt.«

Direkt am See stehen die alte Klosterscheune und die Gebäude des alten Mönchguts. Heute ist es eine Hotel-und Wellnessanlage. Und während Fischer Schindowski noch auf einen guten Fang hofft, wird in der Küche schon alles dafür vorbereitet. Essen aus der Region bekommt hier im Gut Madlitz eine ganz neue Bedeutung. Nach nur einer Gehminute ist der Fisch in der Küche ... »Frischer kriegen sie keinen Fisch«, sagt Chefkoch Peter Krüger. »Ich wüsste

nicht, wo. Außer sie angeln selbst.« Wie frisch alles ist, können die Gäste selbst sehen, gekocht wird in der Schauküche. Wie das Kartoffelrisotto zum Zander. Auch die Kartoffeln kommen aus der Region, darauf achtet Peter Krüger. Mehr als zwei Drittel der Speisen sind regional. Der Zander ist in der Pfanne und dazu gibt es noch einen Tipp vom Chefkoch: »Wir braten den Fisch auch nur auf einer Seite, also nicht auf beiden Seiten. Nicht wenden! Nur einmal kurz vor Schluss und dann war es das. Dann wird er schön langsam, gleichmäßig, schonend gegart. Er gart von oben nach unten und bleibt im Kern saftig.«

Und so saftig wird er dann den staunenden Gästen serviert: »Hier hab ich zweimal Zander auf der Haut gebraten mit Kartoffelrisotto. Heute Morgen, im Morgengrauen, schwamm er noch im See und jetzt haben wir ihn auf dem Teller. Ich wünsche guten Appetit.«

Gut Klostermühle
Mühlenstraße 11
15518 Madlitz-Wilmersdorf OT Alt Madlitz
033607-592 90
info@gutklostermuehle.com
www.gut-klostermuehle.com
Öffnungszeiten: Mo, Di u. Sa 12–22 Uhr, Fr 18–22 Uhr, So 12–18 Uhr

Irgendwie verwunschen wirkt sie, die Kaisermühle, etwas außerhalb von Müllrose gelegen, zwischen Schlaube und Oder-Spree-Kanal. Es handelt sich um eine der vielen ehemaligen Wassermühlen im Schlaubetal, seit Ende der 1990er-Jahre ist der gelb angestrichene Fachwerkbau aus dem Jahr 1680 nun Hotel und Restaurant. Klein, aber fein – das ist hier die Devise. Die Küche ist modern und jung, das Angebot wechselt mit den Jahreszeiten. »Wir sind da sehr konsequent«, sagt Inhaberin Constanze Mikeska, »wenn es darum geht, das zu kochen, was in einer bestimmten Jahreszeit auch wächst. Deswegen tauschen wir alle drei Wochen unsere Speisekarte komplett aus.«

Ob Spargelsuppe mit Lachsklößchen, Perlhuhnbrust mit Chili-Nektarinen, Ente auf Lebkuchensauce oder Rettichsuppe mit gebratener Rotwurst, gern experimentiert die Chefin. So wie bei der neuen Vorspeise: Bratwürstchen vom Wildschwein, dazu lauwarmer Kartoffelsalat mit grünem Spargel, der vom Feld einige Kilometer weiter kommt. »Der Spargel darf nicht zu weich sein«, sagt Koch Hans-Jürgen Herbrand. »Gerade der grüne Spargel, der geht rein ins kochende Wasser und dann wieder raus und muss abgeschreckt werden. Wenn er nicht abgeschreckt wird, wird er zu weich und verliert zu viel von seiner grünen Farbe.« Auch die Bratwürstchen, jedes ganze zwanzig Gramm leicht, haben einen kurzen Weg. Michael Sommerfeld jagt dafür in den Wäldern rund um Frankfurt (Oder) – und verarbeitet das Wildbret gleich in der eigenen Fleischerei, als Spezialanfertigung für's Restaurant Kaisermühle, nach einem

uralten Rezept, das geheim bleiben soll. »Wir geben im Prinzip frisch gemahlene Gewürze dazu und machen dann frische Würstchen«, so viel verrät uns Sommerfeld immerhin.

Gut zwanzig Minuten benötigt der Koch in der Kaisermühle für die Zubereitung der Vorspeise. Der Clou ist der Senf mit Preiselbeeren, den es zu den Wildwürstchen gibt. »Würstchen mit Senf kennt man ja«, sagt Constanze Mikeska. »Wir haben uns gefragt, wie wir den Senf aufpeppen können. Wir nehmen Preiselbeeren, die wir letztes Jahr gesammelt und eingekocht haben, geben die dazu und haben dann eine herb-saure Komponente.« Eine Party im Mund erzeugen – das ist das Ziel der neun Kaisermühlen-Mitarbeiter. Dabei setzen sie auf hochwertige Produkte, Abwechslung und ausgefallene Ideen. »Ich glaube, man muss einfach Spaß haben am Essen, Genießen und am Weitergeben«, so das Motto der Chefin – und vielleicht das Geheimnis der Kaisermühle, die vor allem zur Spargelzeit oft schnell ausgebucht ist.

Kaisermühle
Forststraße 13
15299 Müllrose
033606-880
info@hotel-kaisermuehle.de
www.hotel-kaisermuehle.de
Öffnungszeiten Küche: Mo–Sa 12–20.30 Uhr, So 12–19 Uhr

Im Landhaus Alte Eichen in Bad Saarow wird mit regionalen Produkten gekocht, das ist ein Muss – der Küchenchef aber darf natürlich ein Engländer sein. Simon Downings aus Manchester hat die Liebe zu einer Brandenburgerin an den Scharmützelsee verschlagen, er weiß die Vorzüge Brandenburgs zu schätzen. Im Herbst ist Simon Downings ständig auf der Suche, nach Maronen, Steinpilzen und Pfifferlingen, mit denen er sich mittlerweile bestens auskennt. Erst in Brandenburg hat er seine Leidenschaft für das Pilzesammeln entdeckt. Wir begleiten ihn bei einem Ausflug in den Wald und kehren mit vollem Körbchen zurück in die Küche.

Vom Landhaus Alte Eichen aus hat man einen wunderbaren Blick über den Scharmützelsee. Wenn es draußen langsam ungemütlich wird, bereitet Geschäftsführer Jörn Peters seinen Gästen einen warmen Empfang, zu dem natürlich ausgezeichnetes Essen gehört. Das Landhaus am See ist für seine Küche mehrfach ausgezeichnet worden und wenn im Herbst die Jagdsaison losgeht, dann steht Wild ganz oben auf der Speisekarte. Erst vor ein paar Tagen hat der Jäger einen Sechzig-Kilo-Hirsch in den umliegenden Wäldern geschossen.

Die deutsche Küche in ihrer ganzen saisonalen Vielfalt hat der Küchenchef in Brandenburg kennengelernt. In England sind die Deutschen ja eher als Sauerkraut- und Würstchen-Esser verschrien. Die Teltower-Rübchen, die Downings nun verarbeitet, kommen selbstverständlich aus der Region. Der Küchenchef hat alles fest im Blick, vor allem die Pfifferlinge müssen gut gesäubert werden. Während die Hirschmedaillons in der Pfanne braten, geht der Koch noch schnell

raus in den Garten, um Kräuter zu pflücken. »Rosmarin, Salbei, Thymian sind sehr starke Kräuter und passen immer gut zu Hirsch und Wild«, verrät er.

Im Restaurant kümmert sich der Chef derweil persönlich um die Gäste. Jörn Peters ist diplomierter Hotelier und hat in der Schweiz und in Venezuela gearbeitet. 2006 ist er das Erbe seines Großvaters angetreten, der nach dem Zweiten Weltkrieg das Haus am Scharmützelsee erworben hatte. Er beschäftigte Trümmerfrauen in Berlin und ließ hier ein Ferien- und Erholungsheim für sie einrichten. Als die Mauer gebaut wurde, ist der Großvater in den Westen gegangen. Während der DDR-Zeit war die Villa erneut ein Ferien- und Erholungsheim. Seit 1992 führt die Familie Peters wieder ihr Landhaus.

Von der Vergangenheit geht es zurück in die Gegenwart: Heute gibt es Medaillons vom Hirsch auf einem Bett von Pfifferlingen. Dazu Teltower Rübchen serviert an Kräuterspätzle. Die Gäste sind zufrieden, vor allem mit dem brandenburgischen Hirsch: »Der ist gut gebraten und für mich als Schwaben gibt es einen kleinen Schwabengruß, die Spätzle, da bin ich sowieso begeistert.«

Landhaus Alte Eichen
Alte Eichen 21
15526 Bad Saarow
033631-430 90
info@landhaus-alte-eichen.de
www.landhaus-alte-eichen.de
Öffnungszeiten Küche: Mo–Fr 12–21 Uhr, Sa, So u. feiertags 12–22 Uhr

Wir schauen in Bad Saarow in die Töpfe, in der Küche der Villa am See. Hier empfangen uns Matthias Rösch, mit seinen 28 Jahren schon Küchenchef des Restaurants, und sein vierköpfiges Team, das noch jünger ist als er. Hut ab! Seit 2009 ist der gebürtige Hamburger hier Chefkoch. Die winzige Küche erfordert perfekte Abstimmung, kein Problem für die jungen Köche, drei von ihnen wohnen sogar zusammen. Diese Harmonie scheint sich auch in den Gerichten fortzusetzen. Der Restaurantführer Gault-Millau verteilte im letzten Jahr 15 von 20 Punkten. Matthias Rösch strahlt, wenn er davon erzählt: »Das fühlt sich gigantisch an! Toi, toi, toi, bis jetzt war das nicht schlecht.«

Einen Vorzug hatte die Villa am See schon immer: die große Terrasse direkt am Wasser. Wer hier speist, hat einen Rundum-Blick über den Scharmützelsee. Kulinarisch hat sich hier in den letzten Jahren Einiges getan. Von einer bodenständigen Weinwirtschaft wurde sie zum exklusiven Feinschmecker-Restaurant. Das kleine Gasthaus am Scharmützelsee setzt auf Hochgenuss, die hohe Qualität der Produkte ist ein Muss.

Wir schauen in der Alten Brennerei auf Gut Finckenstein in Alt Madlitz vorbei. Von hier bezieht die Villa am See das Brot. Einen Laden hat die Backstube nicht, die gräfliche Schlossbäckerei produziert nur auf Bestellung. Auch für die Villa am See, ein ganz spezielles Brot, wie Bäckermeister Mindt erklärt: »Ein dunkles Roggenbrot mit Ingwer und Honig als Stange und dann ein Liebstöckel-Baguette.« Keine Konservierungsstoffe, künstliche Aromen oder Enzyme, nach

einer Methode, die schon die Mönche verwendet haben sollen, alles handgemacht, darauf legt Mindt großen Wert. Diese Einstellung weiß man in der Villa am See zu schätzen. Angewärmt wird das Brot auf einem warmen Kirschkernkissen serviert. Tagsüber hundert Plätze auf der Terrasse, abends bedient das Restaurant nur noch dreißig Gäste zum Fine-Dining, das heißt aufwendige Küche und exklusiver Service. Die Abendkarte ist auf jeden Fall einen Blick wert: Eifler Lamm, Filet vom Milchkalb oder Hummer mit Erbsen und Koriander, zur Wahl stehen zwei wechselnde 4-Gänge-Menüs. Beliebt ist das nicht nur bei Golfern und Seglern, auch ein Sternetester war hier schon Gast, verrät der Brandenburger Meisterkoch Matthias Rösch: »Nach dem Abendservice bin ich durch das Restaurant, dann hat sich der Herr geoutet und gesagt, dass er vom Michelin ist und mehr oder weniger auf uns aufmerksam geworden ist.« Aber machen Sie sich doch am besten selbst ein Bild von dem Restaurant, es lohnt sich!

Villa am See
Parkallee 1
15526 Bad Saarow
033631-626 82
scharmuetzelsee@a-rosa.de
resort.a-rosa.de/scharmuetzelsee/kulinarik/
villa-am-see
Öffnungszeiten: Mi–Mo 12–16.30 Tageskarte,
ab 18.30 Uhr Abendkarte

Gräfliche Schlossbäckerei
Lindenstraße 19
15518 Madlitz-Wilmersdorf
033607-219
schlossgutam@web.de
www.madlitz.de

Burg
17fuffzig

Ein Besuch im Restaurant 17fuffzig ist ein Ausflug in das Reich der Gourmetküche. Die Adresse für Feinschmecker findet sich im Burger Hotel Zur Bleiche im Spreewald. Wer hier speist, sollte ein paar Euro mehr mitnehmen, aber die Kreationen sind ihr Geld allemal wert. Seinen Namen verdankt das Restaurant Friedrich dem Großen, der um 1750 per Dekret erließ, an der Stelle des heutigen Restaurants eine Wäschebleiche zu errichten, in der Uniformhosen und Stoffe gebleicht wurden. Mehr als 250 Jahre später werden hier nun regionale Produkte in ihrer feinsten Form serviert, gerade einmal 38 Plätze hat das stilvolle Gourmetrestaurant.

Wir begleiten den Gourmetkoch Oliver Heilmeyer bei seinem Einkauf der exquisiten Zutaten, die er in seiner Sterneküche verarbeitet. Heute geht es zum Gut Ogrosen, das zu einer ökologischen Hofgemeinschaft gehört und bekannt ist für seine Erzeugnisse aus Ziegen- und Schafsmilch. Der 48-jährige Schweizer überzeugt sich bei jedem Anbieter persönlich von der Qualität. Er erzählt: »Ich muss mich sehr oft umgucken und neue Lebensmittel und interessante Sachen suchen, damit es in der Küche weitergeht. Und wir brauchen viele Landwirte und Erzeuger, die tolle Produkte herstellen. Ich suche nach speziellen Sachen. Ich suche nach der alten, vergessenen Möhre. Ich suche nach einem Erzeuger, der sein Gemüse ökologisch-biologisch aufzieht, ohne Gifte draufzustreuen.« Denn all das macht dann eben, wie auch beim Ziegenkäse, das gewisse Etwas aus.

Die Produkte von Gemüsebauer Stefan Glöss verwendet der Spitzenkoch schon, seit er im Spreewald ist – seit 1998. Das Geheimnis seiner Roten Beete und der seltenen weißen Zwiebel liegt in dem besonderen Kompost, den Glöss verwendet: Aus dem Tierpark Cottbus holt er sich den Mist zweier Elefanten und kompostiert ihn.

Seit zehn Jahren gehört das Gourmetrestaurant zum Burger Wellnesshotel Zur Bleiche. Mittlerweile reiht sich Auszeichnung an Auszeichnung – der Michelin-Stern und die Gault-Millau-Punkte waren der Ritterschlag. Um dieses Niveau zu halten, tüftelt der Meisterkoch ständig an neuen Rezepten und Geschmackskreationen. Ein Geheimnis seiner Küche gibt Heilmeyer preis: »Wir haben vorhin auf der Weide gesehen, was die Ziege so frisst. Die mag also sehr gerne kräutriges, würziges Heu. Deshalb wollen wir Sachen miteinander kombinieren, die in der Natur schon zusammen sind. Sachen, die nebeneinander wachsen, schmecken auch miteinander oft sehr gut.«

17fuffzig im Hotel Zur Bleiche Resort & Spa
Bleichestraße 16
03096 Burg (Spreewald)
035603-620
reservierung@hotel-zur-bleiche.com
www.hotel-zur-bleiche.de
Öffnungszeiten: Mi–So 18–22 Uhr

Carmens Restaurant

Carmen Krüger, Inhaberin und Köchin von Carmens Restaurant, wuchs zwischen frisch gerührter Blutwurst und aufgehängten Schweinehälften auf – ihr Vater war Metzger in Eichwalde. Dort, wo ihr Vater früher schlachtete, steht sie heute am Herd und kocht auf hohem Niveau und mit Produkten aus der Umgebung. Ihr Zander ist legendär, aber auch traditionelle Gerichte wie den Aal zu Pfingsten bereitet sie zu.

Ihr alter Freund Willi Lucas, der Fischer von Wernsdorf, weiß, wo man die besten Aale weit und breit findet. Seit über sechzig Jahren ist er unterwegs auf den Seen rund um Wernsdorf, jedes Schilfrohr kennt er hier und den Geschmack der Kundschaft. Ein fetter Aal wäre schön, doch die sind gerade Mangelware, als wir ihn im Mai besuchen: »Immer wenn der Holunder anfängt zu blühen, dann ist Saure-Gurken-Zeit. Das ist gleich nach dem Laich, da sind die Aale vollgefressen, dann bewegen sie sich nicht viel.«

Zwei mittelgroße Exemplare hat er für Stammkundin Carmen zurückgelegt, die um das spezielle Verhältnis zwischen dem Holunder und dem Aal weiß. Aber am Ende kommen beide doch zusammen, der Fisch von Willi aus dem nahen See und der Holunder aus Carmens kleinem Garten, immer zu Pfingsten, wenn man die Blüten golden backen kann.

Seit über dreißig Jahren stehen Carmen Krüger und ihr Partner Wolfgang Haase jetzt vor und hinterm Tresen, erst in der Eichwalder Fleischerei von Carmen Krügers Vater, dann, nach der Wende, in Carmens Restaurant: mittlerweile

oft ausgezeichnet und längst kein Geheimtipp mehr, Spitzenküche, und vor allem: verlässlich. Sie erzählt: »Ich arbeite nach dem alten DDR-Slogan: Meine Hand für mein Produkt. Bis jetzt hat hier noch niemand von jemand anderem etwas zu essen gekriegt, in 22 Jahren nicht. Und wenn ich halb auf Krücken in der Küche stand – jeder Teller kam immer von mir persönlich.«

Auf ihren Herd kommt, was ihr selbst schmeckt und was hier zu Hause ist. Am liebsten nimmt sie sich der Dinge an, die von den Speisekarten zu verschwinden drohen, dem Kalbshirn etwa oder den schwer vermittelbaren Fischen wie dem Aal. Carmen Krüger macht sich Gedanken, warum die Traditionsessen zu verschwinden drohen: »Es ist, glaube ich, auch ein Generationenproblem. Also die Jüngeren wagen sich kaum noch ran, weil sie es von zuHause nicht mehr kennen, und dann wird der Aal zum Teil ja auch grauenvoll angeboten mit fetter Haut und Gräten.« Bei Carmen Krüger kommt der Fisch anders auf den Teller: in Butterschmalz mit Speck und Petersilie, angerichtet auf Frisée und begleitet von einem Rhabarber-Chutney.

Carmens Restaurant
Bahnhofstraße 9
15732 Eichwalde
030-675 84 23
krueger.eichwalde@yahoo.de
www.carmens-restaurant.de
Öffnungszeiten Küche: Mi–Fr 19–21 Uhr, Sa 12–14 Uhr u. 19–21 Uhr

Wer den Spreewald besucht, will in Ruhe genießen. In diese Region kommen Menschen, die das Besondere und Einzigartige der Landschaft mögen. Auf sie setzt die Kolonieschänke in der Spreewaldgemeinde Burg. Hier ist irgendwie alles anders.

So beginnt der Tag in dem Bio-Gasthof Kolonieschänke Burg hinter dem Haus. In der alten Backstube. Bäckermeister Matthias Schutza hat seinen Natursauerteig angerichtet. Allein den Original-Holzbackofen auf die richtige Temperatur zu bekommen, dauert drei Stunden. »Ich muss ja das Brot so weit haben, wenn der Ofen so weit ist«, erklärt der Bäcker. »Dementsprechend muss man immer vorsichtig sein mit Hefeeinsatz. Weil das Brot ja eine Weile stehen muss, ehe der Ofen so weit ist, kann es aber auch vernünftig reifen, es entstehen dann Aromen, die ich im normalen Brot, das innerhalb einer halben Stunde fertig ist, nicht habe. Das ist ein Unterschied, den man auch geschmacksmäßig merkt.«

Während das Brot im Ofen liegt, kauft der Bäckermeister gemeinsam mit Restaurant-Chefin Anja Simmank beim Biobauern zwei Spreewalddörfer weiter ein. Der Agrar-Ingenieur Manfred Glöss war früher einmal Pflanzenschutz-Experte. »… bis ich eben merkte: ›Mein lieber Freund, du bist auf dem Irrweg. Das geht so nicht weiter.‹ Und nun habe ich schon seit Jahren eben radikal Kompostbewirtschaftung, habe nebenbei eine Wurmzucht, wo ich durch die Würmer wertvollen Humus erzeuge.«

Auf diesem wertvollen Humus werden sogar im Winter Rosenkohl, Rote Rüben und Feldsalat geerntet. Etwas Anderes kommt Anja Simmank auch nicht in

ihre Restaurantküche: »Genau das, was gerade wächst und was geerntet wird, das kochen wir und das findet sich schließlich auf dem Teller wieder.«

Während jetzt in der Backstube das Brot auskühlt, kommen die ersten Mittagsgäste in die Kolonieschänke. Sechs Menüs sind im Angebot, mit klangvollen Namen wie »Leinen los. Schätze im Spreewald. Naturschauspiel.« Und eben mit dem Anspruch: Alles Bio! Das Fleisch stammt von einem kleinen Hof bei Dresden. Wer vom Bio-Essen im Restaurant nicht genug bekommen kann, kauft im Hofladen das Brot und die ebenfalls vom Bäckermeister hergestellten Marmeladen: »Das ist ein gutes Mitnehmsel für unsere Gäste für zu Hause«, sagt Anja Simmank. »Und meistens ist das nicht einfach nur eine Erdbeermarmelade. Gerne machen wir da noch Lavendel oder Minze oder Blüten oder irgendwas Schönes mit rein.«

In der Kolonieschänke Burg darf übrigens auch übernachtet werden. Und am nächsten Morgen gibt's das frische Brot von Bäckermeister Matthias Schutza.

Bio-Gasthof Kolonieschänke
Ringchaussee 136
03096 Burg (Spreewald)
035603-68 50
kolonieschaenke@spreewald.de
www.kolonieschaenke.de
Öffnungszeiten: täglich 7–23 Uhr

Was macht den Spreewälder stark? Leinöl und Quark. Dieses Motto hat mit unserer Reise nach Lübbenau nicht viel zu tun. Im Schlossrestaurant erwartet uns keine typische Spreewaldküche, dafür aber echte Spreewälder Zutaten. Spreewaldwasser, Essig, Salz, Zucker und ein gelbes Korn, das aus der Nachbarschaft kommt, genauer aus Lehde. Der Dürrenhofer Senf wird in Horst Koals Bottich angerührt. Mal wird die Mischung mit Kardamom verfeinert, mal mit Koriander. Koal erklärt: »Wir verwenden das ganze Senfkorn. Es wird bei uns weder geschält noch entölt und wir lassen es im Ganzen aufquellen. Erst beim Mahlen wird die Struktur hergestellt, das Senfkorn bleibt aber ganz. Wir brauchen auch keine Konservierungsmittel, weil das Senföl konservierend wirkt.«

Über zwanzig Sorten hat er im Programm, in alle Welt verschickt Koal seine Gläser, doch die meisten müssen gar nicht weit reisen, oft ist ihr Ziel die Schlossküche Lübbenau. Hier steht Dirk Lehmann hinterm Herd. Ohne den rechten Mostrich, sagt er, geht in seiner Küche nichts: »In diesem Gericht werden zwei Sorten Senf verarbeitet, einmal in dem Kartoffelpüree ein ganz neutraler Senf, der mit Speck und Zwiebeln unter das fertige Püree gehoben wird. Dann haben wir zum anderen einen Kräutersenf. Das Schweinefilet wird mariniert, gegrillt und dann nach dem Grillen noch mal in Senf und in Kräutern gewälzt, angeschnitten und dazu gibt es eine Schalottensauce.«

Küchenchef Dirk Lehmann kommt aus der Region und ist mit der Spreewaldküche groß geworden, jetzt interpretiert er Traditionsgerichte neu: Grünkohl-

salat mit Granatapfelkernen, dazu Avocado-Dressing, Lachsfilet und eine panierte Räucheraal-Praline. Brav ist anders, und so war Lehmanns Stil für die Lübbenauer zunächst gewöhnungsbedürftig. Dazu das Schloss mit seinen herrschaftlichen Hallen, ein Ort, wie gemacht für Schwellenängste. Birgit Tanner vom Hotel Schloss Lübbenau erinnert sich an die Anfangszeit: »Vorher war das hier ein Schulungszentrum, von daher war in den Köpfen drin, dass man nicht hinein darf. Das brauchte seine Zeit, bis viele verstanden haben, dass es doch geht. Es war auch die Angst, dass nur Hotelgäste hier essen dürfen. Aber auch das haben wir sehr erfolgreich über die Zeit abgebaut.«

Die Gäste sind kulinarisch mitgewachsen. Keiner stolpert mehr darüber, wenn Sesam an die Ente kommt und aus rotem Kohl Püree in Rosa wird. Nicht einmal die Klassiker sind vor der Kreativität des Kochs sicher: Die Crème brûlée ist hier mitnichten ein Dessert, sondern Begleitung für das Roastbeef. Und was hat der Küchenchef wieder mal dazugegeben? Genau: Einen ordentlichen Löffel Mittelscharfen aus der Nachbarschaft.

Linari Schloss-Restaurant
Schlossbezirk 6
03222 Lübbenau
03542-87 30
info@schloss-luebbenau.de
www.schloss-luebbenau.de
Öffnungszeiten: täglich 12–14.30 Uhr, 18–23 Uhr

Spreewälder Senfmanufaktur
Kaupen 7
03222 Lübbenau/Spreewald
03542-478 97
info@spreewald-senf.de
www.spreewald-senf.de

Märkische Stuben

»Man nehme, was man hat«, das ist das Motto von Holger Mootz, Chefkoch in den Märkischen Stuben in Motzen. Und da das Restaurant direkt am Motzener See liegt, gibt es dort natürlich fangfrischen Fisch. Und welchen? Da bleibt der Koch seinem Motto treu und orientiert sich an dem Angebot.

Wir besuchen Peter Sombert, seit über zwanzig Jahren Fischer am Motzener See, im Februar. Zu viel Eis, um noch die Netze zu leeren, und zu wenig, um schon ans Eisangeln zu denken. Aber Sombert hat in den letzten Tagen vorgesorgt, er kennt das. Vor allem Hechte, Barsche, Schleien und natürlich Zander leben in dem See, der, wie uns der Fischer erzählt, zu den klarsten und saubersten Brandenburgs zählt.

Der Chefkoch der Märkischen Stuben kommt vorbei, um für sein Restaurant einzukaufen. Er begutachtet die Tiere und ist zufrieden: Die Kiemen blutrot, das Auge klar – eben frischer Fisch, der jetzt direkt zum Restaurant gebracht wird. Die Speisekarte richtet sich danach, was Peter Sombert im Angebot hat. Dem Chefkoch Holger Mootz ist möglichst viel Veränderung lieb. Bloß kein starres Rezepte-Nachkochen: »Mein Lieblingskochen ist eigentlich, wenn einer sagt, ich soll Freestyle kochen. Ich bin jemand, der auch mal zehn, fünfzehn Minuten vorm Menü alles umschmeißen kann, weil er gerade noch eine Inspiration oder Idee hat. Und die Leute, die gesagt haben, mach uns ein Menü, wir lassen uns überraschen, die haben sich bis jetzt noch nie beschwert. Sie waren immer glücklich hinterher, denn sich beim Kochen inspirieren zu lassen, ist das, was jeder

Koch am liebsten macht.« Wenn der Küchenchef es sich nicht kurzfristig anders überlegt, dann gibt es heute Zander und Seesaibling.

Das Residenz Hotel und sein Restaurant Märkische Stuben haben eine bewegte Geschichte. In der DDR hat die SED ihre Gäste hierher eingeladen. Nach der Wende kamen dann Investoren aus Süddeutschland, heute bietet die Anlage Erholung direkt am See. Küchenchef Holger Mootz ist beim Kochen Klarheit wichtig: »Wir versuchen, den Geschmack jedes Produktes so zu unterstützen, dass die Gewürze nicht dominieren und das Produkt in seiner Eigenheit erhalten bleibt.« Den echten Geschmack erhalten – das heißt für den Chefkoch auch Schaum statt schwerer Sauce. Viele Berliner und inzwischen auch Einheimische kommen hierher. Unter den Gästen hat sich eine Lieblingsspeise herauskristallisiert: Seesaibling und Zanderfilet mit Spreewald-Kraut, Gemüse und Kräuterschaum. Und das Ganze genießen wir mit Blick auf den eiskalten See.

Märkische Stuben
Töpchiner Straße 4
15749 Mittenwalde OT Motzen
033769-850
info@hotel-residenz-motzen.de
www.hotel-residenz-motzen.de/restaurant
Öffnungszeiten: täglich 12–22 Uhr

Wir besuchen heute eine der besten Restaurantküchen Brandenburgs. Unser Weg führt uns ins Restaurant Sandak im Seeschlößchen in Senftenberg. Koch Philipp Liebisch wurde gerade mit 16 von 20 Gault-Millau-Punkten ausgezeichnet, jeder Menü-Gang ist bei ihm ein Kunstwerk. Wir schauen dem Chefkoch über die Schulter, heute kommen Rinderfilet und Kalbsbries auf den Tisch.

In einem Rhythmus von etwa zehn bis elf Wochen gibt es im Sandak neue brandenburgische Küche für Feinschmecker, angepasst an die jeweilige Jahreszeit, denn Küchenchef Philipp Liebisch bezieht seine Produkte aus der Region. Viel Zeit hat Liebisch investiert, um die Betriebe zu finden, mit denen er zusammenarbeitet: »Einfach nur ins Telefonbuch schauen, um zu gucken, woher ich ein Kalb kriegen könnte und woher Ziegenkäse, das funktioniert natürlich nicht. Aber wenn man sich wirklich mit den Erzeugergemeinschaften in Verbindung setzt, sind die sehr offen beim Zusammenarbeiten.« Liebisch bekommt sein Rindfleisch regelmäßig vom Bieligkhof in Bad Liebenwerda geliefert: Chevrolets, eine französische Rasse. Das Fleisch verspricht sehr zart zu sein, ist aromatisch und ordentlich mit Fett durchzogen. Im Hotel Seeschlößchen findet sich das Rind als Filet und Kalbsbries in der Küche wieder. Bei geringer Temperatur blanchiert Philipp Liebisch zunächst das Kalbsbries, zartes Fleisch von der Wachstumsdrüse des Milchkalbs. Gewürzt wird mit Wacholderbeeren und weißen Pfefferkörnern. Der junge Spitzenkoch orientiert sich an der klassischen französischen Küche, die er modern interpretiert. Ganz zart und saftig wird das

Filet durch seine Marmorierung. Bei 200 Grad wird es von beiden Seiten angebraten, am Ende hat es dann eine goldbraune Kruste. Beim Anrichten des Tellers legt Philipp Liebisch künstlerische Freiheit an den Tag. Ein Stücken Flan, etwas Püree, ein wenig Süße kommt durch die Pastinaken dazu. Leichte Säure durch gedörrte Cranberries rundet das Ensemble ab. Feinarbeit. Auf Unterschiede und Kontraste kommt es dem Koch an, und so folgen ganz zum Schluss noch eine Prise Meersalz und ein Löffelchen Bratensaft. »Das sind Kombinationen, mit denen man verschiedene Reize anspricht. Es ist knusprig, weich, cremig, fest. Das ist der Grundgedanke, wenn wir unsere Gerichte auf den Teller bringen.«

Der Restaurantchefin des Sandak, Jana Metting, ist es wichtig, Besucher nach Brandenburg zu locken: »Uns liegt sehr am Herzen, die Kulinarik der Region ein bisschen näher zu bringen. Es gibt auch auf dem Land gute Sachen zu entdecken.« Mit dieser Philosophie ist das Sandak eines der besten Restaurants des Landes geworden und das Seeschlößchen ist allemal eine Reise wert.

Sandak
Buchwalder Straße
01968 Senftenberg
03573-378 90
info@seeschloesschen-lausitztherme.de
www.lausitztherme.de/deutsch/restaurant
Öffnungszeiten: Mi–So 18–24 Uhr

Bieligkhof
(»Biberburg« Fleischerei und Hofladen)
Fischergasse 16
04924 Bad Liebenwerda
035341-20 09
landhotel-biberburg@t-online.de
www.landhotel-biberburg.de
Öffnungszeiten: Sept.–Mai freitags

Zum grünen Strand der Spree

Im Landgasthof Zum grünen Strand der Spree in Schlepzig gibt es natürlich Essen, darüber hinaus wird hier aber auch Bier gebraut, nach der Brautradition aus dem 18. Jahrhundert. Und wer diese Kunst beherrscht, der kann offenbar noch vieles mehr, denn Brot gebacken wird beispielsweise mitten in der Gaststube. Bäckerin Rosi Hebler möchte, dass alle Gäste sich selbst davon überzeugen können, dass nur natürliche Zutaten in den Teig kommen.

Eine neue Ladung Korn wird geliefert, dieses Mal allerdings nicht fürs Brot, sondern für das hauseigene Bier. Der Braumeister zaubert daraus vier Sorten, er möchte an die alte Tradition des Bierbrauens anknüpfen. Deshalb kann auch wie früher jeder Gast sein frisch Gezapftes mit nach Hause nehmen.

Es ist aber nicht nur das Bier, das die Gäste anlockt, denn das ausgebaute Stallgebäude verwandelt sich gerade in eine Destillerie. Hier können bald zwei Dutzend Obstbrände probiert werden. Die Zutaten stammen von den Obstbäumen rund um den Landgasthof. Wenn sich hier im hoteleigenen Weidendom die Hochzeitspaare das Ja-Wort geben, dann ist es Tradition, anschließend auf dem Gelände ein Obstbäumchen zu pflanzen. Auch eine Form von Nachhaltigkeit …

Besonders hoch in der Gunst der Gäste steht ein selbstgebrannter Whisky namens »Sloupisti«, ein milder Single Malt mit leicht schokoladiger Note. Da Whisky wie Bier aus Malz gewonnen wird, kommt eine Biernation wie Deutschland eigentlich gar nicht am Whisky vorbei. Selbstbewusst lautet das Motto des

Restaurants Zum grünen Strand der Spree deshalb: Was die Schotten können, das können wir Deutschen auch.

Im Landgasthof Zum grünen Strand der Spree haben es Bier und Whisky sogar bis in die Küche geschafft: Küchenchef Kevin Noack kocht hier weit mehr als nur Leinöl mit Quark oder Grützwurst. Experimenten ist er ganz und gar nicht abgeneigt. Die Sauce hollandaise zum Kotelett vom Spanferkel wird mit dem hauseigenen Whisky abgerundet – einmalig im Spreewald. Die Spanferkel-Koteletts harmonieren perfekt mit weißem und grünem Spargel, dazu gibt es Kartoffeln – bodenständige Küche mit dem gewissen Extra, das erwartet den Schlemmer in dem Restaurant.

Rosi Heblers Brote sind mittlerweile fertig. Zwiebel-, Kümmel-, Mischbrot und ein dunkles. Die werden entweder verkauft oder kommen auf den Abendbrottisch der Hotelgäste. Wenn sie morgens kommt und die Brote vom Vortag sind aufgeputzt, dann freut sie sich: »Was Besseres kann mir wirklich nicht passieren.«

Zum grünen Strand der Spree
Dorfstraße 53
15910 Schlepzig
035472-66 20
info@spreewaldbrauerei.de
www.spreewaldbrauerei.de
Öffnungszeiten Küche: Mi–So 12–21 Uhr

Beim Brauhaus Finsterwalde kommen Essen und Trinken nicht nur – beinahe – aus einer Hand. Sie sind auch – zum Teil – aus dem gleichen Stoff gebraut. Und der hat es in sich. Schon allein das Bier dürfte die Reise nach Finsterwalde wert sein. Immerhin hat die Deutsche Landwirtschaftsgesellschaft zwei der hiesigen Biersorten im Frühjahr 2013 mit einer Goldmedaille ausgezeichnet. Dabei lohnt hier nicht nur der Blick ins Glas, sondern auch ins Heiligtum des Braumeisters Markus Klosterhoff. An einem normalen Tag brodeln hier 1000 Liter Bierwürze – Malz und Brauwasser. »Hier entscheidet sich, welches Bier wir brauen, das ist der Grundstock. Wir brauen heute unser dunkles Lagerbier«, erklärt Klosterhoff. »Ein dunkles, schön malziges Bier, bisschen süffiger, bisschen lieblicher, ein ideales Frauenbier sagen viele immer.«

Acht bis zehn Stunden dauert das Biersieden insgesamt. Bis zu fünf Mal in der Woche setzt Markus Klosterhoff den Grundstock für das Bier. In den Gärbottichen im Keller kommt dann Hefe hinzu und erzeugt den Alkohol. Nach einer Woche spricht man vom Jungbier, vier Wochen später ist das Lagerbier aus Finsterwalde fertiggebraut. Und kommt direkt in den Ausschank: »So frisch wie wir unser Bier ausschenken, so hat früher das Bier immer geschmeckt«, sagt Klosterhoff. »Aber seitdem die Biere weltweit verschifft werden, hat man sich überlegen müssen, wie man die Haltbarkeit verlängert. Das machen große Brauereien. Wir wollen unser Bier regional vertreiben. Unser Bier wird nicht alt.«

In der Küche des Restaurants findet sich dann sogar einiges wieder, das beim Bierbrauen übrig bleibt, wie die Malzrückstände, die sogenannten Treber. »Die Treber werden nicht einfach weggeschmissen und entsorgt«, meint Christian Hanisch, der Küchenchef, »diese Treber werden bei uns – wie es auch früher schon üblich war – in der Küche weiterverarbeitet.« Zum Beispiel im Treberbrot. Das bäckt eine ortsansässige Bäckerei. Und auch das Schnitzel wird in Treber gewendet. »Es karamellisiert leicht aus beim Braten«, so Hanisch, »dadurch hat man den besonderen Geschmack, eine Süße im Fleisch, in der Panade. Das macht das Besondere an unseren Treberschnitzeln aus.«

Treber ist in fast allen Gerichten des Finsterwalder Brauhauses. Der Flammkuchen hat einen Treberboden. Die Haxe schmort im Trebersud und wird dadurch so kross. Der absolute Renner ist in diesem Jahr die hausgemachte Currywurst. Und natürlich gibt's dazu das selbstgebraute dunkle Lagerbier.

Finsterwalder Brauhaus
Sonnewalder Straße 13
03238 Finsterwalde
03531-22 86
info@finsterwalder-brauhaus.de
www.finsterwalder-brauhaus.de
Öffnungszeiten: Mo–Fr 12–14 Uhr, ab 18 Uhr,
Sa ab 18 Uhr, So ab 12 Uhr

Der Goldene Hahn in Finsterwalde ist berühmt – vor allem für die »goldene« Zutat in fast allen Speisen auf der Karte: das Rapsöl. Rapsfelder gibt es hier gleichsam vor jeder Tür und einheimische Landwirte gewinnen behutsam kaltgepresstes Rapsöl feinster Qualität gleich um die Ecke. Diesen Luxus wollte Frank Schreiber, Koch und Inhaber des Goldenen Hahns, auch in seiner Küche. Er »vermählt« den edlen Tropfen mit beinahe allem. Bei ihm gibt es etwa eine Variation von der Lachsforelle, eingerahmt von Giersch und Erbsenkresse, gekrönt mit purem Fläming-Gold. »Es ist nicht vergleichbar mit dem industriellen Rapsöl, das ultrahoch erhitzt ist, das keinen Geschmack hat, sondern es hat Geschmack, es hat Aroma«, erklärt Schreiber. »Es ist nussig, ohne Bitterstoffe. Es ist aromatisch, feinschmelzend, genial.«

Für die Pfanne beinahe zu schade, doch Frank Schreiber setzt es ohnehin maßvoll und mitunter äußerst trickreich ein, bei seinem sogenannten »Kieselsteinchen« etwa, wo er Rapsöl mit Stärke und gemahlenem Steinpilz mischt. Öl-Aroma und doch leicht wie eine Schäfchenwolke, genau das Gegenteil von heiß und fettig. Dabei fing es eben so mal an, heiß und fettig, in Finsterwaldes Goldenem Hahn – benannt nicht nach dem männlichen Geflügel, sondern nach dem, durch den man Goldenes zapfte: »Mein Großvater hat es 1939 erworben, seitdem sind wir hier nicht rausgekommen. Das heißt: erst mein Großvater, der es als Bier-Schankwirtschaft betrieben hat – mit Eisbein. Meine Großmutter war berühmt für ihre Wildbraten und mein Großvater für seinen guten Humor.

Dann hatten es meine Eltern übernommen. Mein Vater hatte seit 1978 noch eine offene Küche – so wie wir heute kochen. Damals aber so Richtung Steakhouse.«

Der Sohn packte aber erst mal sein Sachen, kochte sich hoch und durch die halbe Welt, um dann doch in Finsterwalde wieder anzulanden. Gehobene Küche, fand Frank Schreiber, habe auch das Elbe-Elster-Land verdient. Und so filetiert er Saibling, hobelt Sommertrüffel für Carpaccio und reicht zu Meeresfrüchten auch schon mal gegrilltes Obst.

Die Gourmet-Kritiker haben ihn längst geadelt, Schreiber kocht in der absoluten Oberliga mit. Und mittlerweile ist auch die Zeit vorbei, in der sich die Finsterwalder erst gewöhnen mussten an den neuen Stil in ihrer alten Eisbein-Schwemme – im Goldenen Hahn, wo nichts mehr heiß und fettig ist, und es trotzdem nach Heimat schmeckt.

Goldener Hahn
Bahnhofstraße 3
03238 Finsterwalde
03531-22 14
info@goldenerhahn.com
www.goldenerhahn.com
Öffnungszeiten: Di–Sa ab 12 Uhr u. ab 17 Uhr

Das herrschaftliche Parkschlößchen in Maasdorf wurde 1701 als Forsthaus erbaut, später war es Rittergut mit eigener Schnapsbrennerei. Heute befindet sich in den oberen Etagen ein Hotel, unten ist die urige Gaststätte. Schnaps wird hier nicht mehr gebrannt, stattdessen gibt es Wild frisch auf den Tisch. Das Elbe-Elster-Land ist eine schöne brandenburgische Ecke mit viel Wald – und was der hergibt, das landet im Parkschlößchen als Spezialität auf dem Teller: Wildschweinragout, Hasenfilet, Hirschmedaillons oder Wildbratwurst. Das Beste sei aber der Rehrücken, sagen die Gäste.

Gastwirt Bernd Wunderlich ist selbst passionierter Jäger, weshalb seine Gäste garantiert Wild aus erster Hand bekommen, erlegt vom Chef höchstpersönlich. Fast täglich ist er unterwegs in seinem Revier zwischen Tröbitz und Bad Liebenwerda, manchmal nimmt er sogar Gäste mit auf die Pirsch.

Der Gastronom zeigt uns seinen Kühlraum: »Das beste Stück an diesem Rehbock ist der Rücken und die Keulen. Der Rehbock hängt jetzt vier Tage, durch Milchsäurebakterien wird das Fleisch mürbe, und so bekommen wir ein gutes Wildbret.« Zum Rehrücken passen am besten Frühkartoffeln. Die liefert seit Jahren Landwirt Uwe Lehmann aus dem Nachbarort Theisa. Bernd Wunderlich ist begeistert von der Ware: »Ich nehme auch noch die großen von der alten Ernte mit, aus denen kann ich gut Bauernpommes zum Rehrücken machen.« Gastwirt Bernd Wunderlich will hundert Prozent Qualität für seine Gäste und behält den Überblick. Nur die Zubereitung überlässt er dann doch seinem Koch

Toni Friedrich. Das Lösen der Rückenstücke vom Knochen dauert eine Weile. Die Belohnung für die Mühe ist dann feinstes Muskelfleisch. Die Gäste lieben es, gesund zu schlemmen und ohne Reue zu genießen. Freude herrscht auch in der Küche über den wenigen Abfall beim Wild. Verarbeitet wird bis auf den letzten Rest, darauf achtet Bernd Wunderlich: »Der Knochen wird auch nicht weggeschmissen, der wird kleingehackt und daraus ziehen wir unsere Saucen. Wir nehmen nix aus der Tüte.« Zu dem Wild gibt es heimische Pfifferlinge aus den Wäldern um Maasdorf. Bis zu vier Kilogramm werden täglich gebraten. Sie werden wie die vorgegarten Kartoffelscheiben nur kurz gedünstet, gepfeffert und gesalzen. Noch ein Hauch Rosmarin dazu – fertig sind die Bauernpommes. Auch der Rehrücken wird nur kurz angebraten, gepfeffert und gesalzen. Damit sich das volle Aroma entfaltet, muss Wild vor dem Servieren immer ein paar Minuten ruhen. Im Anschluss empfiehlt sich eine der vielen Wanderstrecken oder Radtouren entlang der Kleinen Elster.

Parkschlößchen Maasdorf
Dorfstraße 7
04924 Maasdorf
035341-309 60
info@hotel-maasdorf.de
www.hotel-maasdorf.de
Öffnungszeiten: Mo–Mi 12–22 Uhr, Do–Fr 17–22 Uhr, Sa 11–24 Uhr,
Sonntag: Sommer 11–20 Uhr, Winter 11–16 Uhr

In Finsterwalde lebt die Vetternwirtschaft auf – was absolut in Ordnung ist. Und die Vetternwirtschaft hat sogar ein Geschmäckle, in diesem Fall ist sogar das von Vorteil, denn die Vetternwirtschaft ist eine Gaststätte. Hier geht es aber nicht nur um das, was auf den Teller kommt, sondern schon um den Teller selbst. Das Prinzip ist einfach: Was einem in der Vetternwirtschaft gefällt, das kann man kaufen – so auch die handgetöpferten Teller von René Engelmann. Der Töpfer fertigt die Teller für das Restaurant von Ute und Reinhard Scholz und darf hoffen, dass dessen Gäste sprichwörtlich auf den Geschmack kommen. Dieses Prinzip nennt der Gastwirt Vetternwirtschaft – wie sein Restaurant. Wer möchte, kann Möbel und Dekoration kaufen und mitnehmen. Die Handwerker aus der Umgebung freuen sich darüber, denn Scholz arbeitet gerne mit ihnen zusammen und bietet ihre Waren an. Vom Kunstschmied bis zum Tischler sind hier viele vertreten, sogar bis in die Speisekarte hinein, wie uns Reinhard Scholz erzählt: »Wir widmen die Gerichte den Handwerkern, die Hand mit angelegt haben oder die hier ihre Produkte ausstellen. Das ›Schmiedemeister Körners Kraftpaket‹ ist Kassler im Brotteig mit Porree-Möhren-Gemüse mit einem frischen Salat. ›Töpfermeister Engelmanns Gaumenfreude‹, das ist Scholle in einer Sherry-Senf-Sauce auf Blattspinat mit Kartoffelhälften oder Bandnudeln.«

In der Küche schauen wir dem Koch Christoph Rex über die Schulter, der gerade auf Engelmanns Tellern Brotteig-Gerichte anrichtet. Weiter geht es

mit der Sauce hollandaise, denn es gibt gerade den ersten Spargel. Sehr zum Leidwesen des Kochs, der selbst isst den nämlich nicht gerne. Der Spargel verschwindet gleich im Brotteig. Wie vieles hier, berichtet Köchin und Wirtin Ute Scholz: »Wir packen inzwischen vom Zwiebelfleisch bis Spargel, Fisch alles in Brotteig.« Der Brotteig ist natürlich auch vom Bäcker um die Ecke. Darin macht es sich der Spargel jetzt mit Schinken und der Sauce hollandaise gemütlich, bevor er für zwölf Minuten im Ofen verschwindet. Rustikaler Spargel auf rustikalem Teller.

Aber nicht nur die Teller lassen Frauenherzen höher schlagen, auch die roten Weinkelche verzücken. Nicht selten kann man an den Tischen Diskussionen zwischen Paaren belauschen, bei denen der Mann darauf besteht, dass man kein weiteres Geschirr brauche, während die Frau wie zufällig an ihren baldigen Geburtstag erinnert. Ob deshalb schon Ehen an der Vetternwirtschaft zerbrochen sind, konnten wir nicht recherchieren. Wohl aber, dass die Männer hier kräftig ins Grübeln kommen.

Vetternwirtschaft
Lange Straße 15
03238 Finsterwalde
03531/22 69
hotel-zum-vetter@t-online.de
www.hotel-zum-vetter.de/vetternwirtschaft
Öffnungszeiten: Mo–Sa ab 17 Uhr

Töpferei Engelmann
Finsterwalder Straße 3
03238 Massen-Niederlausitz OT Gröbitz
kontakt@töpferei-engelmann.de
www.töpferei-engelmann.de
Öffnungszeiten: Mo–Mi 10–18 Uhr,
Do u. Fr 10–15

Wir fahren in den Süden Brandenburgs, in den Elbe-Elster-Kreis. Dort statten wir dem Restaurant Zum Eichhörnchen einen Besuch ab. Benannt ist das Gasthaus nach seinen Besitzern, die heißen mit Nachnamen Eichhorn. Für Tierliebhaber bietet der Gasthof noch mehr: In seinem kleinen Streichelzoo warten Kamerunschafe auf einen Besuch.

Wenn ein Koch etwas ganz Besonderes für seine Speisekarte sucht, dann nimmt er auch lange Wege in Kauf. Wir machen uns mit Gastwirt und Küchenchef Matthias Eichhorn von Reichenhain aus auf den Weg zu Schäfer Matthias Möckel und seinen Heidschnucken. Das Fleisch der Schafe bekommt seinen wildartigen Geschmack, weil sich die Tiere so viel bewegen. Matthias Eichhorn erzählt, dass viele seiner Gäste sich erstaunt über die besondere Note zeigen, wenn sie das erste Mal Heidschnucken probieren – meist wollen sie gar nicht glauben, dass sie gerade Lamm gegessen haben.

Wie jedes Wildbret muss auch das Fleisch der Heidschnucke abhängen, mindestens eine Woche. Und die Fettschicht muss peinlichst sauber vom Fleisch getrennt werden, damit es später nicht ranzig schmeckt. Eichhorn sieht man die Begeisterung für seine Ware an, wenn er erzählt: »Die Qualität ist absolut spitze, kann man wirklich nicht meckern. Und wir freuen uns darüber, unseren Gästen anbieten zu können, was hier wächst.« Das beginnt beim Fleisch und hört bei den selbstangebauten Kräutern im Garten auf. Bei Matthias Eichhorn ist sogar die Panade handverlesen: »Wir haben hier eine

Panade aus verschiedenen Kräutern. Gewürztagetes, Bohnenkraut und Sellerie, Sesam, Pfeffer, Salz und Semmelmehl. Das wird vermischt, schon gesalzen und gepfeffert. Das Kotelett muss jetzt nicht extra gewürzt werden. Rosmarin ist dabei und ein bisschen Thymian. Darin werden die Koteletts paniert, wie ein normales Schnitzel.« Zu den panierten Heidschnucken-Carrées gibt es tournierte Kartoffeln, was nichts anderes heißt, als dass sie so in eine gleichmäßige Form gebracht werden. Der Vorteil dabei ist, dass sie dann alle zur gleichen Zeit gar sind. Während die Kartoffeln kochen, geht es mit den Heidschnuckenkoteletts weiter. Parallel dazu schmoren Möhrenstifte, Brokkoli, Bohnen und Fenchelgemüse. Wegen der vielen Butter verzichtet Matthias Eichhorn auf eine Sauce, so bleibt das Fleisch schön knusprig.

Das Essen ist nun fast fertig, nur das i-Tüpfelchen fehlt noch, der Sand über den Kartoffeln. Hierzu wird einfach frisches Semmelmehl über die Kartoffeln gegeben. »Brandenburger Sandbüchse« nennt der Koch das, den diese Zubereitung noch einmal an die Heimat erinnert.

Zum Eichhörnchen
Dorfstraße 15
04932 Röderland OT Reichenhain
035341-129 24
zum-eichhoernchen@t-online.de
www.zum-eichhoernchen.de
Öffnungszeiten: Di–Sa 11–22 Uhr, So 11– 21 Uhr

Es sind die letzten Teltower Rübchen der Saison, die Axel Szilleweit sortiert. Szilleweit ist Biogärtner und einer der Wenigen, die das Rübchen in Teltow anbauen. Mühsam hat er jedes einzelne aus der Erde gebuddelt. Anbau und Ernte sind Handarbeit, das hat das Teltower Rübchen zu DDR-Zeiten fast vergessen lassen, berichtet er: »Bekannt ist es schon, aber es wurde nicht weiter produziert, weil einfach der Aufwand zu groß ist. Und zu DDR-Zeiten war eben auch wie heute die Großflächen-Bewirtschaftung angesagt und da fiel das Teltower Rübchen halt raus.«

Heute ist das Teltower Rübchen zwar wieder jedem ein Begriff, aber wie es schmeckt, wissen längst nicht alle. In Kloster Zinna, im Romantikhotel Alte Försterei, kann man die Rübchen probieren, jeden Winter steht die brandenburgische Spezialität hier auf der Karte. Zubereitet werden die Leckereien von Gudrun Danneberg, die lachend zugibt, dass das Schälen der Rübchen nicht zu ihren Lieblingsaufgaben gehört. Edel, zum Beispiel als Carpaccio, kommt es in der Alten Försterei als Vorspeise auf den Tisch. Dafür müssen die Scheiben zwei Tage in der Marinade ziehen. Für den Hauptgang sind die Rübchen Beilage zum Frischlingsrücken, zubereitet mit Honig und getrockneten Cranberries.

Hotelchef Roland Frankfurth schwärmt von dem einstigen Arme-Leute-Essen: »Gerade mit dem Wild, mit dem Frischlingsrücken, ist das eine sehr schöne Kombination. Cranberries sind Verwandte von den Preiselbeeren und

das ist ja klassisch zu Wild, eben ein bisschen abgewandelt.« Der Hausherr hat nicht nur ein Händchen für die Küche, sondern auch fürs Ambiente. Vor gut zwanzig Jahren kaufte er die ehemalige Königlich-Preußische Oberförsterei, sanierte sie behutsam und richtete sie mit allerlei Antiquitäten ein, die er liebevoll zusammengesucht hat. Er erzählt, dass er Anfang der 1990er-Jahre bei mancher nächtlichen Tour nach Sperrmüll Ausschau gehalten hat und verwundert war, was die Leute alles wegwerfen. In liebevoller Kleinarbeit hat er Fundstücke aufgearbeitet, aber auch bei Trödlern und Antiquitätenhändlern hat er viele Stücke gefunden, die heute in den geschmackvoll eingerichteten Zimmern stehen.

Gehoben, aber nicht abgehoben – so sollen Hotel und Küche sein. Die Teltower Rübchen passen dazu gut ins Konzept. Ihr Geschmack ist nussig-süßlich und richtig lecker. Der Honig nimmt ihnen das Herbe und so werden die Teltower Rübchen zum Gourmet-Gericht.

Alte Försterei
König-Friedrich-Platz 7
14913 Jüterbog OT Kloster Zinna
03372-46 50
alte-foersterei@romantikhotels.com
www.alte-foersterei.com
Öffnungszeiten: Ostern–Dez. täglich 12–23 Uhr,
Jan.–Ostern Mo–Fr 17.30–23 Uhr, Sa u. So 12–23 Uhr

Jüterbog
Hermanns Restaurant

Eine lange Familientradition und die passende Atmosphäre, das erwartet uns in Hermanns Restaurant in Jüterbog. Björn Barthel kocht und sein Bruder Benjamin serviert. Seit 2012 führen sie gemeinsam das Gasthaus, das sich seit fast hundert Jahren in Familienbesitz befindet. Der Name und das Zwanziger-Jahre-Ambiente sind eine Hommage an den Urgroßvater und Restaurantgründer Hermann Barthel. Björn Barthel erklärt, woher die große Familienverbundenheit kommt: »Im Prinzip ist es wie eine Zirkusfamilie, wenn man darin aufwächst und jeden Tag als Kind in der Küche ist, dann ist es einem praktisch schon in die Wiege gelegt, dass man etwas in die Richtung macht.«

Direkt am Jüterboger Markt wird in Hermanns Restaurant traditionelle, regionale Küche mit Pfiff serviert. Heute auf der Tageskarte: Lachsforelle mit Mangold und Mozzarella in Pfannkuchenteig, dazu ein Kartoffel-Pastinaken-Gratin. Das Gemüse holt Koch Björn persönlich im Gesundheitsgarten von Kerstin Weiße in Sernow. Pastinaken und Mangold – fast vergessenes Gemüse, hier in Bio-Qualität und frisch vom Feld. Weiße hat sich auf alte Gemüsesorten spezialisiert, weil sie im Handel nur schwer erhältlich sind, vor allem wegen der kurzen Haltbarkeit. Björn Barthel schätzt besonders, dass er auf dem Gemüsehof immer Empfehlungen bekommt, welches Gemüse gerade Saison hat. Davon lässt er sich dann für seine Speisekarte inspirieren.

So kam ihm auch die Idee für die Fischroulade: Mangold aus Sernow, Büffelmozzarella aus Jüterbog und Lachsforellen aus Unterhammer. Das Gan-

ze wird in einen mit Fischfarce bestrichenen Pfannkuchen gerollt und sanft angebraten. Für das Gratin werden die Pastinaken in Scheiben geschnitten und mit Kartoffeln geschichtet, darüber kommen Sahne und Parmesan. Björn Barthel hat lange in Italien, Österreich und der Schweiz gearbeitet, das hat seine Kochkunst inspiriert: »Die Erfahrung aus anderen Ländern kann man schon einfließen lassen bei Gerichten, die hier regional vorkommen, und sie so ein bisschen aufpeppen. Man sollte einfach mal ausprobieren, manchmal kommen interessante Sachen dabei raus.«

Vertraute Zutaten ungewöhnlich kombiniert, das ist seine Küchenphilosophie. Neben der Fisch-Mangold-Roulade erfreuen die Gäste sich an interessanten Kreationen wie Kartoffelplinsen mit Spreewaldgurken, Jüterboger Büffelburger oder Fläminger Wildschweinrücken an Petersilienwurzeln. Moderne, frische Küche in historischem Ambiente – Restaurantgründer Hermann wäre sicherlich stolz auf seine Urenkel.

Hermanns Restaurant
Markt 14
14913 Jüterbog
03372-401 597
info@hermanns-restaurant.de
www.hermanns-restaurant.de
Öffnungszeiten: Mo u. Di 17–22 Uhr, Do–Sa u. feiertags 11.30–22 Uhr, So 11.30–20 Uhr

Gesundheitsgarten im Fläming
Dorfstraße 34
14913 Sernow
033746-80864
info@gesundheitsgarten-im-flaeming.de
www.gesundheitsgartenimflaeming.de
Öffnungszeiten: nach telefonischer Vereinbarung

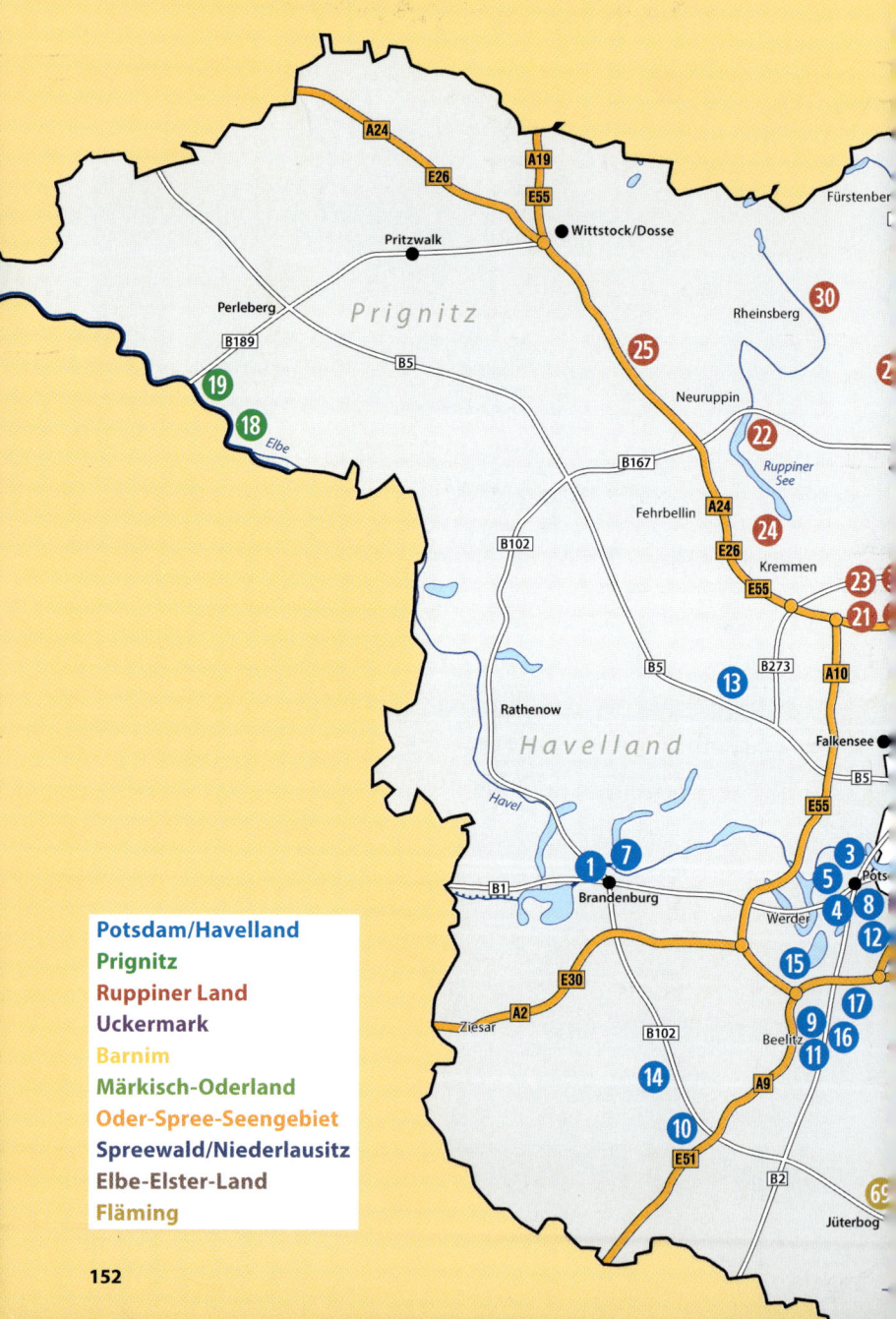

A24
E26
A19
E55

Fürstenber

Pritzwalk

Wittstock/Dosse

Perleberg

Prignitz

Rheinsberg

30

B189

2

B5

19

25

Neuruppin

18

Elbe

22

B167

Ruppiner See

Fehrbellin

A24

24

B102

E26

Kremmen

E55

23

21

B5

B273

A10

13

Rathenow

Falkensee

Havelland

B5

Havel

E55

1 7

3

Brandenburg

5

Pots

4

8

Werder

12

B1

15

E30

17

A2

9

16

Ziesar

Beelitz

B102

11

14

A9

10

E51

B2

65

Jüterbog

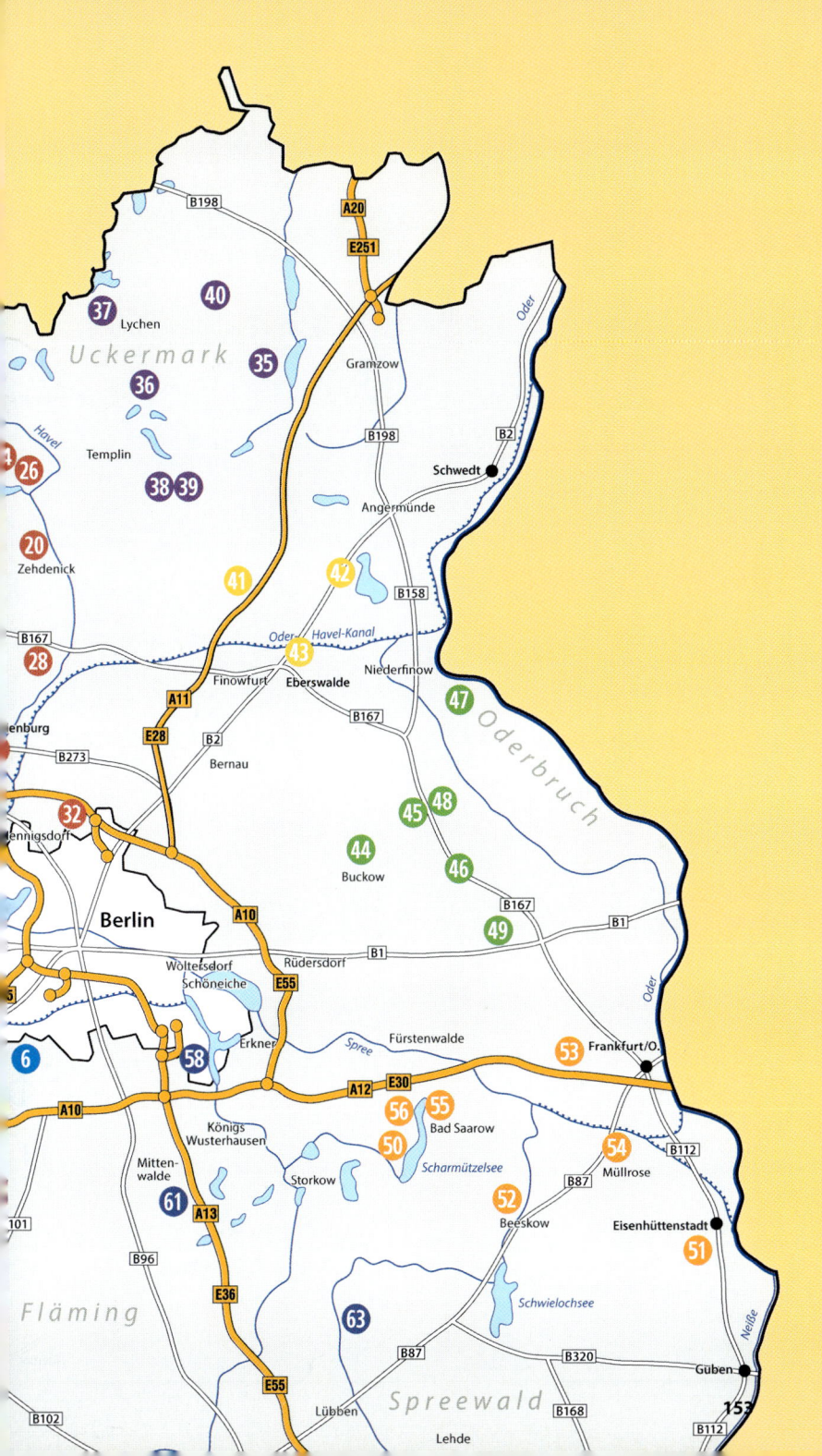

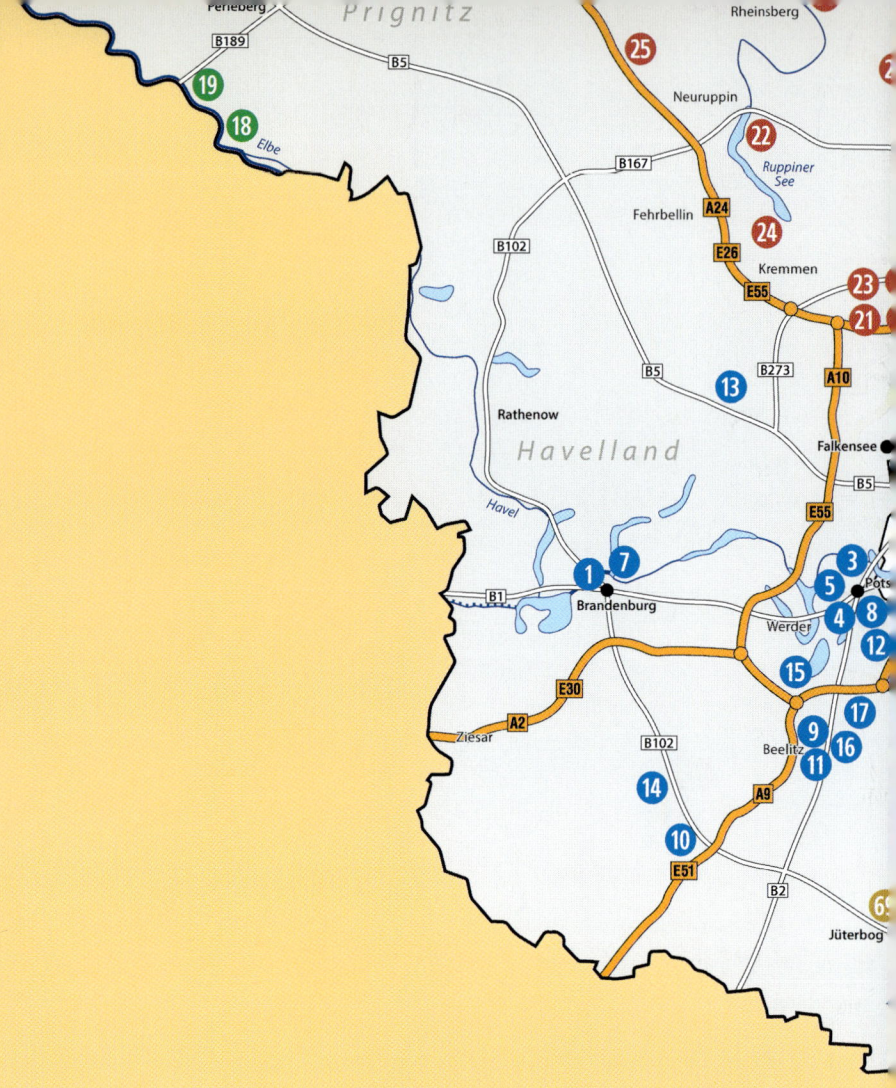

Perleberg

Prignitz

Rheinsberg

B189

B5

25

19

18 Elbe

Neuruppin

22

Ruppiner See

2

B167

Fehrbellin

A24

24

B102

E26

Kremmen

E55

23

21

B5

B273

A10

13

Rathenow

Havelland

Falkensee

B5

Havel

E55

1 **7**

3

Brandenburg

5 Pots

4 **8**

Werder

12

E30

15

A2

17

Ziesar

B102

9 **16**

Beelitz

11

14

A9

10

E51

B2

6

Jüterbog

Potsdam/Havelland
Prignitz
Ruppiner Land
Uckermark
Barnim
Märkisch-Oderland
Oder-Spree-Seengebiet
Spreewald/Niederlausitz
Elbe-Elster-Land
Fläming

154

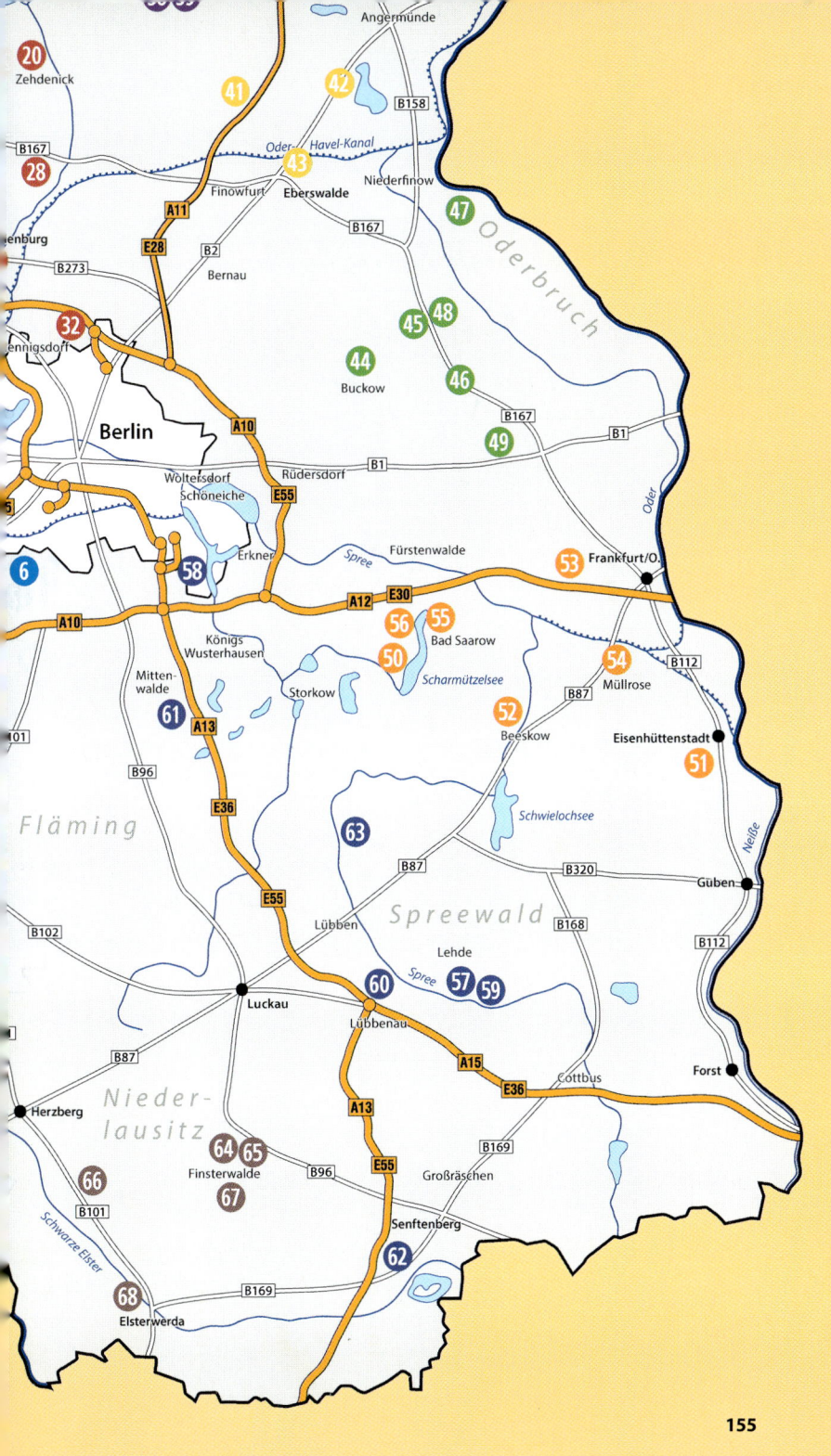

Abbildungsnachweis

Bärisch-Müller, Silke: S. 100, 101; Bauernzeitung/Forsthaus Templin: S. 78; Friedrich, Uwe: S. 119; Mikeska, Constanze: S. 118, 119; Berlinproof GmbH: S. 82, 83; Wenzel, Frank/Wittenberge: S. 46, 47; Busch, Florian: S. 68, 69; A-ROSA Resort GmbH: S. 122, 123; Hangleiter, Doris: S. 76, 77; Tourismusverband Ruppiner Seenland e.V. (Madlen Wetzel): S. 56; Prinz, Natalie (fotolia.com): S. 48; Zimmermann, Matthias: S. 8, 10, 11; Tauber, Andreas: S. 22, 23; Zur Bleiche Resort & SPA: S. 124, 125

Wenn nicht anders angegeben, liegen die Bildrechte bei den vorgestellten Gasthäusern. Allen Bildgebern gilt der herzliche Dank von Verlag und Herausgeberin.

Die Herausgeberin

Bärbel Wichmann, geboren 1953 in Rüdersdorf ist studierte Journalistin und arbeitete zunächst als Redakteurin für das DDR-Fernsehen. Nach dem Fall der Mauer war sie von der ersten Sendung an als Reporterin für den neu entstandenen Landessender in Brandenburg unterwegs. Seit 2007 leitet sie beim rbb die Abteilung »Brandenburg aktuell«. Bärbel Wichmann lebt in Potsdam.

Die Autoren der Rubrik LAND UND LECKER

Thomas Heinloth (betreuender Redakteur der Rubrik LAND UND LECKER in **BRANDENBURG** AKTUELL)
Mark Albrecht, Anja Baum, Julia Baumgärtel, Anke Blumenthal, Ulrike Finck, Jana Gebauer, Tobias Goltz, Anna Herbst, Friedrich Herkt, Anne Holzschuh, Christoph Hölscher , Peter Huth, Joanna Jambor, Juliane Kerber, Kristin Krüger, Michael Lietz, Michael Nowak, Fred Pilarski, Tina Rohowski, Konstanze Schirmer, Michael Schon, Ludger Smolka, Christine Stellmacher, Frank Stuckatz, Jana Wochnik-Sachtleben

Brandenburg in vollen Zügen genießen!

Therese Schneider
Brandenburg mit dem Rad
Die schönsten Touren für Kulturliebhaber
192 S., Pb., 14 €
ISBN 978-3-86124-678-7

Therese Schneider hat Brandenburg mit dem Fahrrad erkundet und stellt in diesem Buch die reizvollsten Touren für Kulturliebhaber vor. Neben den grundlegenden Streckeninformationen bietet sie dabei ausführliches Hintergrundwissen zu Geschichte, Kunst und Sehenswertem am Wegesrand – ergänzt durch praktische Tipps und kulinarische Empfehlungen. Mit diesem Ausflugs- und Kulturführer in der Tasche wird die Fahrradtour zum Erlebnis. Die schönsten Strecken in ganz Brandenburg – mit zahlreichen Fotos, Karten und Hintergrundinformationen

Martin Mosch
Brandenburg, landeinwärts
Besondere Wanderungen in der Mark
160 S., Pb., 14 €
ISBN 978-3-86124-664-0

Leuchtend gelbe Rapsfelder, saftige Wiesen, versteckte Seen im Wald, Zeugnisse von Geschichte und Kultur: Das Berliner Umland lockt die Großstädter in die Natur – wen wundert's, bei der landschaftlichen Vielfalt, die Brandenburg zu bieten hat. Martin Mosch entdeckt 15 Routen abseits der ausgewiesenen Wanderwege und beschreibt diese Strecken mit ganz persönlichem Blick.
Zahlreiche Fotos fangen die Stimmung Brandenburgs ein und lassen schon das Lesen zu einem Ausflug dorthin werden. Detailliertes Kartenmaterial und Wegbeschreibungen machen das Buch zu einem zuverlässigen und inspirierenden Begleiter.

Gerhard Drexel
Klöster und Kirchen in Brandenburg
Himmlische Touren durch die Mark
160 S., Pb., 14 €
ISBN 978-3-86124-656-5

Brandenburg blickt zurück auf eine reiche kirchliche Tradition, deren Zeugnisse überall im Land auch heute noch sichtbar sind. Neben den bekannten Zisterzienserklöstern Chorin, Lehnin und Zinna eröffnen an vielen weiteren Orten christliche Bauten faszinierende Einblicke in die Geschichte Brandenburgs und seine einstigen Lebenswelten. Gerhard Drexel hat die 82 sehenswertesten Klöster und Kirchen Brandenburgs in einem außergewöhnlichen Reiseführer zusammengefasst.

Robert Zagolla
Brandenburg mit Kindern
Der Familien-Ausflugsführer
240 S., Pb., 14 €
ISBN 978-3-86124-670-1

Wer mit Kindern unterwegs ist, stellt besondere Ansprüche an seine Ausflugsziele. Ob spaßig, lehrreich oder aufregend – Brandenburg hat viel zu bieten: Vom Museumsdorf bis zur Westernstadt, vom Kletterpark bis zur Sommerrodelbahn, vom Kinderbauernhof bis zur Draisinenfahrt …

Dieser Ausflugsführer beschreibt eine Fülle von Aktivitäten für die ganze Familie (mit Kindern von 4 bis 14 Jahren) und bietet alle notwendigen Informationen – von Öffnungszeiten und Eintrittspreisen bis hin zu Größen- und Altersbeschränkungen. Über 200 Abbildungen, eine Übersichtskarte sowie ein Orts- und Sachregister machen die Ausflugsplanung zum Kinderspiel.

Rolf Schneider
20 x Brandenburg
Menschen, Orte, Geschichten
200 S., geb., 19,95 €
ISBN 978-3-86124-645-9

Rolf Schneider unternimmt in zwanzig literarischen »Wanderungen« eine Reise durch die faszinierende Geschichte und Gegenwart Brandenburgs. Dabei begegnen ihm ganz unterschiedliche Menschen und Landschaften: Vom alten Derfflinger bis Hedwig Bollhagen, von der Schorfheide bis zu den Seelower Höhen, vom Schwedter Industriekombinat bis zum idyllischen Schloss Rheinsberg.
Das Buch zur großen rbb-Fernsehdokumentation »20 x Brandenburg« von dem Regisseur Andreas Dresen.

Mit über 150 farbigen Fotografien sowie einem Nachwort von Andreas Dresen.

»… dieses Buch hebt sich heraus aus der sogenannten Jubiläumsliteratur. … die zahlreichen zum Teil ganzseitigen Fotos machen das Buch zu einem Schmuckstück.«
Vermessung Brandenburg